今生要与你相约
的 *100* 个地方

崔晓军 著

四川人民出版社

图书在版编目(CIP)数据

今生要与你相约的100个地方 / 崔晓军著. — 成都:四川人民出版社, 2017.12

(图说天下.国家地理系列)

ISBN 978-7-220-10627-9

Ⅰ. ①今… Ⅱ. ①崔… Ⅲ. ①旅游指南 – 世界 Ⅳ. ①K919

中国版本图书馆CIP数据核字（2017）第310407号

JINSHENG YAO YU NI XIANGYUE DE 100 GE DIFANG
今生要与你相约的100个地方
崔晓军 著

责任编辑	邹　近　陈　欣
封面设计	何　琳
版式设计	段　瑶
责任校对	袁晓红
责任印制	李　剑

出版发行	四川人民出版社（成都市槐树街2号）
网　　址	http://www.scpph.com
E-mail	scrmcbs@sina.com
新浪微博	@四川人民出版社
微信公众号	四川人民出版社
发行部业务电话	（028）86259624　86259453
防盗版举报电话	（028）86259624
照　　排	巨[艺]图书
印　　刷	北京天宇万达印刷有限公司
成品尺寸	170mm×240mm
印　　张	14
字　　数	260千字
版　　次	2018年3月第1版
印　　次	2018年3月第1次印刷
书　　号	ISBN 978-7-220-10627-9
定　　价	29.90元

■版权所有·侵权必究

本书若出现印装质量问题，请与我社发行部联系调换

电话：（028）86259453

前言
FOREWORD

　　浪漫不见得都需要那么惊心动魄、富贵奢华，不见得都是王子与公主的花好月圆。一双能发现美的眼睛、一颗细致温柔的心、一次记忆深刻的美好旅行，都能让我们平凡的生活充满浪漫。如果你和爱人携手走过许多地方，见过了许多美丽的风景，你就会知道，浪漫其实是一种体贴的有温度的情怀，是回首一瞬间的幸福，它不经意间出现，又不经意地镌刻在你的记忆深处。

　　当我们挽着爱人的臂膀，在沙滩上赤着脚丫追逐嬉戏；在晚风轻拂的静夜里散步；在绝缘了任何甜言蜜语之后简单的依偎和拥抱，共赏那一抹即将消失的夕阳。这些就是任何经典爱情故事都难以超越的浪漫感觉了。

　　从巴厘岛空气中的花香，到普者黑荷塘的清趣；从西藏朝圣者的虔诚目光，到冰岛记忆里最动人的故事；从爱丁堡建筑的动人心魂，到别府温泉的地狱重生；从波尔多小巷里的葡萄美酒，到摩纳哥诱人的乡间小调；从塞纳河夜色中含羞待放的温柔，到泰姬陵超越时空的真爱……这本《今生要与你相约的100个地方》精选全球一百多处美丽风光，和煦的阳光、幽静的古堡、安逸的小镇、柔软的沙滩、清澈的海水、别致的度假村，都会带给你不一样的风情、不一样的浪漫感觉，带你寻找蜜月旅行的理想地，帮你完成梦寐以求的旅行计划。全书以细腻的文字、精美的图片，让你用眼睛去旅行，用心灵去旅行，用爱去旅行。

contents 目录

CHAPTER 1 任时光镌刻，那一抹繁华都市的风情

香港维多利亚港——你是我流浪过的一个地方……………… 2
伦敦——大西洋岸边的不老绅士…………………………… 6
巴黎——埃菲尔铁塔下的誓言……………………………… 12
东京——邂逅一场樱花的美丽……………………………… 18
罗马——梦中的永恒之城…………………………………… 23
纽约——不夜城的狂欢……………………………………… 28
新加坡——建在花园里的热带狮城………………………… 32
迪拜——沙漠中的一朵莲花………………………………… 36

CHAPTER 2 在这万般柔情的大地上，诗意地栖居

丽江古城——尘不沾衣美浸髓……………………………… 42
永定土楼——锁住了那些刻骨的时光……………………… 46
乌镇——有疑天颜不老……………………………………… 48
凤凰古镇——梦之故土，一抹烟波………………………… 52
荷兰的乡村——风车转动的郁金香王国…………………… 56
皇后镇——新西兰的梦幻之地……………………………… 58
普罗旺斯——在薰衣草花田中舞蹈………………………… 62
海德堡——安静甜蜜的童话镇……………………………… 68
布达佩斯——倾听安静与祥和的乐章……………………… 70
威尼斯——河流与古堡的完美交融………………………… 75
辛特拉镇——唯美主义者的避难所………………………… 78

CHAPTER 3 相逢在水清沙白的人间天堂

三亚——一个人的春暖花开……………………………………82
鼓浪屿——在碧水金沙中忘记时间……………………………86
巴哈马群岛——粉色梦幻般的柔情……………………………88
巴厘岛——万种风情,百变巴厘 ………………………………92
普吉岛——安达曼海上一颗遗落的珍珠………………………96
马尔代夫——上帝抖落人间的花环……………………………102
大堡礁——五彩斑斓的水下世界………………………………108
希腊小岛——点缀在蓝绒布上的钻石…………………………112
夏威夷——在沙滩上狂欢到天亮………………………………116
留尼汪岛——海水与火焰交织的艺术…………………………122

CHAPTER 4 携手去远方,寻找世界的尽头

杭州西湖——水光山色两相宜…………………………………128
洱海——难以言说的温柔情怀…………………………………132
西藏——爱在离天堂最近的地方………………………………135
桂林——如歌的行板……………………………………………138
呼伦贝尔草原——不可抗拒的和谐……………………………140
安第斯山脉——南美的脊梁……………………………………142
英格兰湖区——是画,是诗,是天堂……………………………146
落基山脉——心灵庇护之地……………………………………150
乞力马扎罗——赤道雪山,天神寓所…………………………154
撒哈拉沙漠——可望而不可即的浪漫…………………………158
瑞士少女峰——阿尔卑斯山的"皇后"…………………………161
塞伦盖蒂草原——野性的大陆,非洲的伊甸园 ………………165

CHAPTER 5 用一种情怀,去相逢一段历史

- **敦煌**——驼铃响断玉门关 …………………… 170
- **雅典卫城**——古希腊的荣光 …………………… 173
- **大金字塔**——黄沙上矗立的永恒 ……………… 176
- **泰姬陵**——爱情的丰碑 ………………………… 180
- **阿尔汗布拉宫**——摩尔人的斑驳记忆 ………… 182
- **新天鹅堡**——童话中的城堡 …………………… 184

CHAPTER 6 极光与星空交织的浪漫

- **漠河**——极光眷顾的远方 ……………………… 188
- **北海道**——白昼从这里张开眼睛 ……………… 190
- **冰岛**——世界尽头的寒冷仙境 ………………… 192
- **默热沃**——重拾最初的梦想 …………………… 196
- **拉普兰**——传说中的白色天堂 ………………… 198
- **挪威北角**——天之涯,海之角 …………………… 200
- **阿根廷冰川**——亿万年的沉淀 ………………… 202
- **南极**——始于冰雪,终于冰雪 …………………… 204

附录

- 复活节岛 …………………………………………… 208
- 里约热内卢 ………………………………………… 208
- 关岛 ………………………………………………… 208
- 塔斯马尼亚 ………………………………………… 208

帕劳……208	热浪岛……213
塔希提……208	约旦……213
桑巴给尔……209	拉斯维加斯……213
科孚岛……209	米科诺斯岛……214
马达加斯加……209	火地岛……214
卡普里……209	维也纳……214
塞舌尔……209	卢森堡……214
毛里求斯……209	巴登巴登……214
马略卡……210	巴伐利亚……214
长滩岛……210	巴塞罗那……215
马耳他……210	武汉……215
莫斯科……210	悉尼……215
西西里岛……210	冲绳……215
科尔多瓦……210	牙买加……215
马德拉群岛……211	
科罗拉多大峡谷……211	
南北双岛……211	
伊瓜苏瀑布……211	
苏格兰高地……211	
萨尔茨堡……212	
佛罗伦萨……212	
广州……212	
澳门……212	
亚龙湾……212	
吉隆坡……212	
安提瓜……213	
摩洛哥……213	

Chapter

任时光镌刻，那一抹**繁华**都市的风情

Victoria Harbour

香港维多利亚港

—— 你是我流浪过的一个地方

维多利亚港，是抱不住一朵云的失落与甜美；维多利亚港，你是我流浪过的一个地方。因你过分美丽，只能在记忆里珍藏。

维多利亚港的海岸线很长，是香港的港岛和九龙半岛之间的港口。维多利亚港两岸的景点数不胜数。这里既有充满设计感的现代钢筋水泥丛林，又有"古早味"的天星小轮码头。九龙的香港艺术馆和香港太空馆更是异彩纷呈。天气晴朗时，维多利亚港上空天光云影共徘徊，蔚蓝的天际有朵朵白云飘荡，云朵在海面上投下巨大的阴影，将整个海港温柔拥抱。万吨巨轮、游艇和观光渡轮进进出出，机械手与起重机在海岸边忙碌不已，这繁忙的海港景象令观者无不感到香港这座动感之都旺盛的生命力。夜幕降临，海港两岸璀璨的灯光缔造出"东方之珠"，夜景壮观而精致，香槟色、桃红色、深蓝色、银白色的霓虹灯在蓝黑的底色上熠熠生辉，也燃烧了波光粼粼的海面。多年以前，维多利亚港便被《国家地理》杂志评为"人生必到的50个景点"之一。想要深切感受维多利亚港的魅力，最好的方法便是乘坐天星小轮。对于游客来说，坐几遍天星小轮游维多利亚港似乎都不过瘾。最美的维多利亚港恐怕要数夕阳西下时，薄荷色的江面与对岸林立的现代建筑交相辉映，斜照的余晖将漫长的海岸线染成了香槟色。巨轮从远处驶来，逆光而行，这一切仿佛来自遥远的漫画世界。很少有一个城市，如此高速运转，又如此令人身心愉悦。

100多年来，维多利亚港扮演着远不止于一个海港的重要角色。维多利亚港就地理位置来说是香港不折不扣的中

▼ 港口夜景
岸上高楼大厦林立，每当夜幕四合，便亮起璀璨灯光。

维多利亚港

维多利亚港港阔水深,是天然的深水良港,不仅在香港发展为国际化大都市的过程中起到至关重要的作用,同时也是国际上重要的港口之一。

▲ 香港回归祖国纪念碑

▲ 香港国际会展中心

心。它有着香港重要的天然资源，主导着整个香港乃至亚洲许多国家的海上贸易往来。对于香港人来说，它更是生活中不可缺少的一部分，每天有无数人乘坐渡轮跨越南北两岸。

维多利亚港是世界著名的大海港。维多利亚港除了承担着经贸发展的重任以外，它的迷人风光更是令往来的各国游客流连忘返。维多利亚港水面宽阔，景色精致迷人。在维多利亚港的西北部，有着世界级的集装箱运输中心——葵涌货运码头。每天，尤其是在日出日落的时候，五彩缤纷的游船、典雅复古的天星小轮、成百上千的渔船与帆船，还有轰鸣作响的万吨巨轮在海面上来来往往，交织出一幅美妙的海港景致。

维多利亚港仿佛集世界的金贵与奢华为一身。每逢新年的除夕夜，维多利亚港都会举办一年一度的新年"除夕倒数咏香江"烟花会演。每年的这一天，数十万人聚集在海港边，看着大屏幕上不断跳动的数字，等到新年钟声响起的那一刻，游船上、城市高楼上数以万计的烟花在天空中盛开。城市丛林的夜空被绚丽的花朵点亮，与九龙半岛上的万家灯火交相辉映，这一壮丽的景观与意大利的那不勒斯夜景和日本的函馆夜景一起，被列入了《吉尼斯世界纪录大全》。

九龙半岛最南端的尖沙咀是维多利亚海岸的中心地带。尖沙咀三面环海，在这里有着著名的"尖沙咀海滨长廊"，沿着海滨长廊漫步可以观赏到维多利亚港的无敌海景。海滨长廊有许多著名景观，这其中就包括星光大道。星光大道是香港为电影事业中的杰出人士而建。在星光大道上印有著名演员们的手印，还有一座高两米的李小龙铜像，如今星光大道已成为香港的必游之地。

尖沙咀是香港最重要的购物区，除了令人不敢直视的奢侈品橱窗之外，这里还有许多博物馆和娱乐场所。尖沙咀的诺士佛台和宝勒巷是香港的热门酒吧聚集地，是香港的年轻人和想要体会地道港式文化的游客不可不去的地方。

香港，世界著名的金融、贸易之都，可是这一刻，当它仅仅只是一个海港，只是一个被山峦和海水包围的玲珑小城的时候，那漫长海岸线上明明灭灭的灯火成为背景，海港城里金光闪闪的橱窗成了点缀。南风向晚，在这落日的余晖里凝望这个来自童话世界的小小港湾，仿佛会有海豚从海中跃起，仿佛水鸟正从水天相接的地方衔来橄榄枝，仿佛所有的海芋都在浪花中盛开，这一刻即使没有卡地亚，没有蒂芙尼，也美得晶莹剔透，令人感动得落泪。

❶ 李小龙铜像
❷ 金紫荆花广场
❸ 香港国际金融中心

▲ 伦敦眼　　　　　　　　　　▲ 大本钟近景

伦敦眼，或称为"千禧之轮"，曾经是世界最大的观景摩天轮。

London

伦敦——大西洋岸边的不老绅士

不同于现代的、自由的纽约，也不同于浪漫的、时尚的巴黎，伦敦作为三大世界级城市之一，是文艺的、多元化的。这个城市的美妙之处，绝不仅是源于"日不落帝国"的昔日荣光，它是属于全世界的——不同的民族、不同的语言、各种不同的思想与文化融汇在这个都市，形成了它无可比拟的魅力。

漫步伦敦，在古典与现代融合的街景中徜徉，在每一个细节中体味它的气势、它的内涵，伦敦的深厚意蕴、伦敦的色彩斑斓，便会徐徐展现在我们的眼前，让人久久地思索，久久地沉醉。

在20世纪60年代的伦敦，因空气湿润多雨雾，加上用煤产生的大量烟尘，造成了伦敦"名动世界"的烟雾，因此，这个欧盟区内最大的城市素有"雾都"之称。但如今，慕名而来的人们可能会失望了，英国文学中描述过无数次的"烟雾缭绕，迷茫一片"的景象早已不见踪影，只是偶尔在冬季或初春的早晨才能看到一层薄薄的雾霭，而当阳光驱散薄雾后，笼罩伦敦的是一片清明、干净的环境。

伦敦风情变化万千而又丰富多元，可供参观、游玩的景致不胜枚举，全英国的风景名胜大多云集在此，因此在伦敦的每一天，绝不用担心无处可去。同时伦敦的交通十分便利，一张地铁票几乎能跑遍全城，且有多达238处景点可免费参观，以如此少的花费便可游览如此多的景点，全世界大概唯有伦敦一处吧。

最吸引游人眼球的景观，首先要数坐落在泰晤士河畔的伦敦眼了。它是伦敦城内最著名的地标性景观，为迎接千禧年而建造，故又称为"千禧之轮"，曾是世界上第一大观景摩天轮。这个被誉为"数学上的奇迹"的伦敦眼，高135米，重1600吨，据说建造它所需要的电脑计算能力，超过了世界上最大、最复杂的建筑。这样的庞然大物竟然可以稳固地矗立在泰晤士河面上，带着明显的娱乐场气息，与河对面严肃的古迹建筑群相视，实在是一个疯狂的城市创举。乘坐伦敦眼，可以在大约半小时的旋转中，升上城市中心的上空，鸟瞰伦敦城内的壮丽景色，当旋转到相应角度时还能欣赏到超过55处城内著名景观的

▼伦敦考文特花园内景一角

▲ 伦敦流光溢彩的街道

画面，着实令人大饱眼福。

而建于1859年现已更名为"伊丽莎白塔"的大本钟，同样是伦敦的标志性建筑，也是英国最大的钟。它高96米，总重13.5吨，每隔一小时便会报时一次。当新年来临，或在阵亡将士纪念日时，深沉浑厚的钟声就会响起，方圆数千米外都能听到它的回响。最特别的是，如此巨大的同时面向四个方向报时的铜钟，采用的却是人工发条，而且非常准确。

游览伦敦，不能不去的还有大英博物馆。巍峨庄严、有着巨大穹顶的大英博物馆可谓是伦敦博物馆之最，其占地六七万平方米，藏品达八百多万件，世界罕见。

Chapter 1　任时光镌刻，那一抹繁华都市的风情

熟悉一座城，除了看古迹看建筑看街景之外，当然还要融入当地人的生活。想要真正了解伦敦人是怎样生活的，最有效的方式就是逛集市。

有别于那些豪华富丽的现代百货公司，伦敦的集市有着鲜明的民间地方色彩，气氛也更为热闹欢乐。从维多利亚时期的老古董、珍贵的艺术品、民间手工艺品、前卫的朋克行头，到便宜的衣服、配件、普通的小商品，还有水果、海鲜等，伦敦的集市多种多样，各种生活所需品都能在集市上一网打尽。

如果游览名迹已经让你略感疲惫，那么最方便去的集市是坐落在市中心的考文特花园。这里涵盖了衣食住行所需的方方面面，市集周围还有许多琳琅满目的小店，绝对能让逛街乐趣得到极大满足。另外，这里还是伦敦最大的街头艺人聚集地，每天都有艺人在此进行表演，为游人们献上各种精彩的节目。

喜好古董的朋友，则可以去诺丁区的波多贝露露天市场。这是伦敦甚至全英国最著名的集市之一，也是"古董纪

还有国家自然历史博物馆、科技博物馆、泰特美术馆……这些博物馆不仅收藏丰富，许多博物馆本身就是建筑艺术的珍品。走进这座有"文化万花筒"之称的城市，简直像是走进了博物馆的丛林，各种各样的博物馆令人目不暇接，且都是免费开放的，难怪连小学生都养成了在博物馆听课的习惯，从小便沉浸在浩瀚的文化海洋里。

度假便利帖

（1）大英博物馆很大，可以买一张地图来导游，理清游览顺序。

（2）伦敦西区是伦敦市中心一个剧院区，面积不足2.6平方千米，却拥有49家剧院，比百老汇历史更悠久，值得一去。

>> Look ｜ 9

念品控"的天堂，著名电影《诺丁山》就曾在这个热闹的古董市场上取景。

最后，不容遗漏的当然是博罗美食市场了。新鲜多样的食材，以及超市里买不到的稀有食品都能在这里找到，并且市场的每一个摊位都要经过最严格的品质检验，所以连最讲究的厨师都会放心地来此购物，难怪它会被冠以"英国顶级鲜货市场"的美誉。而对于游客们来说，那些色香味俱全的美食，真是令人赞不绝口，停不了手，就算只是免费试吃，也能尽享饕餮盛宴。

▲伦敦利兹酒店外景

中国的茶叶在传入英国之后，逐渐形成了独具英国特色的茶文化，闻名遐迩的"英式下午茶"便是个中代表。下午茶文化可以溯源到维多利亚女王时期，并一直延续到现在，流传至全球，成为英式典雅生活方式的象征。

▲别具一格的英伦下午茶

伦敦人喝下午茶十分讲究，并不只是随意地喝点茶水、吃些点心。在维多利亚时代，喝下午茶时男士必须穿燕尾服，女士则必须穿长袍。现在，这一老派传统自然已不必坚守，但大多数人仍坚持正式着装，以保持一份贵族的做派。

而下午茶的专用茶，一般为大吉岭茶、锡兰茶或伯爵茶。茶点则用三层的磁盘盛放：最下一层放着一些咸点心，如三明治、三文鱼等，并配有美味的酱汁；中间一层是咸甜结合的点心；最上边一层则是蛋糕、水果塔以及其他纯粹的甜点。既然如此用心摆放，那么吃的顺序当然也不是随心所欲的，要从最下层往上吃，由淡而重，由咸而甜，让味蕾徐徐绽放，慢慢品出食物的真味，然后再啜饮几口红茶——这不仅是最奢华的味觉享受，也是融入伦敦生活的最好方式。

在伦敦，吃下午茶的地方实在不少，其中沃斯利餐厅和利兹酒店是非常热门的地点，连订位子都需要提前一两个月！

度假便利帖

所属地区：英格兰东南部

著名景点：大英博物馆、伦敦眼、大本钟、白金汉宫、海德公园

印象关键词：雾都、泰晤士河、英式下午茶、伦敦西区

▲ 大英博物馆门口的现代雕塑

　　沃斯利的建筑和装潢给人的感觉十分复古典雅、高贵气派，这家被推崇为伦敦供应最好的早餐和下午茶的餐厅，即使只是单纯地在里面坐下，就已经是一种难得的享受，加上高品质的服务和厨师精心制作的美食，难怪会成为旅行者的集中地。

　　利兹酒店则是皇室成员、明星和贵族名媛最爱的地方，从吊灯帘幕到骨瓷餐具，这里的每一个细节都古典奢华到了极致。伴着钢琴或竖琴的乐声，品尝经典的英伦下午茶，享用精致诱人的英式糕点，老派英国贵族的精致优雅在言谈举止间尽显。

　　最有个性的下午茶地点应数曼德维尔酒店了，这里只为男士们开放，并精选了一些男士钟情的游戏，让他们能一边玩游戏一边享受下午茶时光，实在是别具一格。

　　到伦敦来的游客们，绝对不容错过英伦下午茶这贵族般的享受，体验既高贵精致又轻松自在的慢生活。

✈ Paris
巴黎——埃菲尔铁塔下的誓言

里尔克曾说:"巴黎是一座无与伦比的城市。"这座以政治、经济、历史、文化、艺术、时尚、浪漫而闻名世界的乐园,总有一种风情令人难忘。巴黎从不缺少情侣们的眷顾,因为这里拥有"世界十大特色婚礼教堂"之一的"美国教堂"。曾经,孙红雷与爱妻就是在这里结束了长达7年的爱情长跑。新郎全程参与定制,以巴黎独具特色的魅力为背景,为爱妻奉献了一场简约又不失华美的婚礼。

❶ 罗浮宫
❷ 凯旋门
❸ 巴黎圣母院
❹ 埃菲尔铁塔

▲ 罗浮宫外景

罗浮宫历经七百多年的重修和扩建，才达到今日的规模。作为法国历史上最久远和古老的王宫，它既恢宏、壮美，又充满迷人的浪漫气息。

罗浮宫是行走巴黎的必经之地，没有人会愿意错过这座世界著名的艺术宝库。自1204年起，历经七百多年的不断重修和扩建，才达到今日的规模。整个宫殿分为新老两部分：路易十四时期修建的是老的部分，拿破仑时代修建的是新的部分。作为法国历史上最久远和古老的王宫，它既恢宏、壮美，又充满迷人的浪漫气息。

即使对文化不够了解，对艺术没有追求，也丝毫不影响游客去感受它的磅礴气势。喧嚣的蜜月之旅中，不妨抽出哪怕两三个小时，在罗浮宫里接受一下熏陶，浮想联翩，也是一番体验。

古埃及、古希腊、古罗马的艺术品，来自东方的艺术品，中世纪至今的雕塑作品及数量庞大的王室珍品和精品名画，齐聚罗浮宫的六大展馆——希腊罗马艺术馆、埃及艺术馆、东方艺术馆、绘画馆、雕刻馆和装饰艺术馆。这里需要注意的是，每周的周一和周三两天，所有的展馆全部开放；周四、周五、周六是轮流开放；周日仅仅开放半天，周二和节假日闭馆。此外，各品种的票价在11～15

欧元不等，可以随意选择。

倘若对历史、文化、艺术范畴的游览比较感兴趣，将参观日定在周一和周三是最好的选择。蒙娜丽莎的微笑、断臂的维纳斯、胜利女神像……一个接一个地发出灿烂的光芒。躲避游客们的喧闹声，择一处安宁的角落，互相依偎着欣赏一幅画或者一个雕塑，静静地倾听时光流逝的声响，那是一种极美的享受。

摒弃了现代化的内部装饰，去往黎塞留馆一层的奥地利的安娜夏日套房、黎塞留馆马利中庭二层的拿破仑三世套房、德农馆二层的阿波罗长廊，或者古老的路易十三套房，感受不同时期的古老的奢华……昔日的王公贵族们，在这里上演了一幕幕明争暗斗、爱恨情仇，当然也留下了数不尽的尊贵享受、瑰丽浪漫。

罗浮宫的任何角落，都不缺少能令人眼前一亮的展品。除却展品，罗浮宫本身亦是一件精美的艺术品，一部人类历史上不朽的传奇巨作。

离去之前，悄悄许下一个愿望："愿我们彼此的爱情，也可以在走过数年风雨之后，仍然如新婚一般，历久弥新。"

屹立在戴高乐星形广场中央的凯旋门，是巴黎的四大建筑之一，也是整个欧洲最大的凯旋门。以《马赛曲》《胜利》《抵抗》《和平》为主题的精致浮雕，跟随拿破仑·波拿巴远征的将军的名字，以及1792年至1815年间的法国战争史，烙印着时代的痕迹，显现出庄严肃穆的神气。

当夜幕即将降临时，登上凯旋门，可以带来与白天全然不同的视觉享受。汇聚于此的12条街道在落日余晖的映照下，发出万丈光芒。等到天色完全黑下来，霓虹灯亮起，整个世界又异常绚烂夺目。

俯瞰巴黎夜景，难言内心澎湃。里面小型的历史

▲ 罗浮宫内景

罗浮宫原是法国的王宫，居住过50位法国国王和王后，是法国文艺复兴时期最珍贵的建筑物之一。它以收藏古典绘画和雕刻而闻名于世，所以精美的绘画随处可见。

▲ 凯旋门正如其名，是一座迎接外出征战的军队凯旋的大门。它是现今世界上最大的一座圆拱门，位于巴黎市中心戴高乐广场中央的环岛上面。

博物馆和资料片放映室，又不时地提醒人们，这里并非只是一座可以观景的高层建筑，它承载着太多需要铭记的旧人旧事。牵手走过长长的历史印记，继续奔向下一处的繁华。

香榭丽舍大街，是以凯旋门为中心的12条大街中最美丽的一条，其名取自希腊神话中的"仙景"之意。街道内旁店铺林立，贴着"高端大气上档次"的标签，是众多购物狂们的理想之地。

然而，随着慕名而来的游客越来越多，其状况可想而知。如果不想让自己浪漫甜美的蜜月之行变成一场购物之战，还是尽可能不要投身其中。不如找一处咖啡馆或者餐馆，开启寻觅美食之旅，也会有惊喜出现。要知道，香榭丽舍大街也是俊男美女们"约会"的理想场所，它的优雅与繁华同样独一无二。毕竟，价格不菲的奢侈品并非人生的全部。与之相比，跟随心爱之人共同度过的二人世界，自然更令人心仪和难忘。

街的另一边是著名的协和广场。广场中央是有着三千多年历史的来自埃及卢克索神庙前的方尖碑，据说是埃及国王赠送的。方尖碑的南北各有一座喷泉雕塑，一座代表海洋，一座代表河流。抛开沉重的历史轨迹，只是静静地流连、拍照或者坐在水边轻声低语，那种历史的穿越感，只有亲自体会才能感受到。

巴黎的夜，是情侣们向往浪漫天堂的夜晚。浓浓的激情味道飘散在空中，令人心驰神往。合着既定的步调

▲ 夜晚的塞纳河

塞纳河是法国北部大河，全长七百多千米，是欧洲具有一定历史意义的大河之一。自中世纪初期以来，它就一直是巴黎之河。每到暮色降临时，塞纳河便美丽无比。

共赴一场狂欢，今晚无论在哪里，都将意犹未尽。

世间流传着的那个浪漫动人的故事，来自维克多·雨果的《巴黎圣母院》，尽人皆知。美丽善良的爱斯梅拉达遭遇种种不幸，但赢得了最纯洁、最忠贞的爱情。而卡西莫多敲响的钟声，百年后依然回响在世人耳畔。

现实中的巴黎圣母院是法国哥特式建筑的旷世奇作，是世界哥特式建筑中最和谐、最美妙的作品。祭坛、回廊、门窗等各处的雕刻与绘画闻名于世，值得仔细欣赏一番。而教堂内部则装修得朴素、细腻，又不乏庄严——色彩斑斓的玫瑰花窗，讲述着一个个《圣经》故事；高高的拱顶在幽暗的光线下显现出神秘的色彩，周围无数垂直的线条，引发无限遐思，令人感觉仿若置身天堂。

在这样的气氛中，整个人会不自觉地安静下来。所以，教堂里虽然时常聚集着很多游客，却并不嘈杂。游客可以在条椅上坐一会儿，如能有幸偶遇一场"弥撒"，也算不虚此行。游客还可以另购门票，排队登塔楼，参观著名的怪兽回廊，或者欣赏远处的风景。

近两个世纪的修建、扩建、修整，巴黎圣母院汇聚了各类顶级工匠的心血。走出教堂，感觉整个人仿佛接受了一次洗礼，内心纯净无瑕，与爱人紧扣的十指也越发坚定。

有人说，当你抬起头，看见埃菲尔铁塔的那一刻，才真正意识到自己正站立在巴黎的土地上。这一三角形的铁质建筑是巴黎的象征，是法国的象征。

1889年建成的埃菲尔铁塔位于市中心、塞纳河畔的战神广场，是为迎接

❶ 夜幕下的埃菲尔铁塔

埃菲尔铁塔是世界著名建筑、法国文化象征之一、巴黎城市地标之一、巴黎最高建筑物，被法国人爱称为"铁娘子"。其雄浑壮阔的气势、巧夺天工的设计，让人不得不为之赞叹。

❷ 塞纳河旁边的埃菲尔铁塔

Chapter 1 ❶ 任时光镌刻，那一抹繁华都市的风情

世界博览会和纪念法国大革命100周年而建。铁塔略显冷酷，建立之初并不讨喜，然而在漫长的岁月中，它逐渐有了温度。人们称它为"云中牧女"，丝毫不掩饰对它的热爱。

不管白天还是黑夜，不管从何种位置和角度，都能见到埃菲尔铁塔独特的面目。喜爱拍照的人们会花费很长时间，等待或者寻找角度。情侣们则更愿意徜徉在战神广场，一边默默地欣赏宏伟的"埃菲尔"，一边轻轻地诉说彼此的心事。

如果天气晴朗，又有充足的时间和耐心，可以选择登塔。虽然要为乘坐电梯排上约一小时的长队，但70平方千米的风景线更具诱惑力。每一层的酒吧和饭馆也是休闲、小憩的好去处。

入夜之前，沿着塞纳河漫步，或者去到河对岸的夏乐宫。一路上，细碎的风景和来来往往的人群相交错，形成悠然自得的画面。不必着急，一切都是最好的安排。不远处，有游览塞纳河的游船码头，走累了可以选择以船代步。

等到天完全黑下来，再来从远处欣赏埃菲尔铁塔。每到整点时，两万只灯泡闪烁，将铁塔装点得美轮美奂，宛若梦境一般。拿出相机，以此为背景，定格两人的甜美而放肆的笑容。未来的某天，这张照片定会成为房间里最惹眼的装饰品之一。

情定"埃菲尔"，许下不朽的承诺。任凭时光流逝，唯有真爱不会改变。

巴黎的外表与内在都充满无限魅力，文化与艺术的熏陶下，爱情也变得高贵、优雅起来，在古典与现代擦出的火花中，映衬出最真实的幸福与美满。

东京 —— 邂逅一场樱花的美丽

Tokyo

东京迪士尼乐园被誉为"亚洲第一游乐园"。

Chapter 1 ● 任时光镌刻，那一抹繁华都市的风情

东京是一座兼容的城市，它既有新宿、秋叶原这些站在世界前端的电子产品购物中心，也有创建于数百年前的皇宫与寺院。当夜晚的银座灯红酒绿、卡拉OK的喧嚣弥漫繁华都市的时候，上野公园那绯云般的樱花，被霓虹灯映衬得如梦如幻，让人仿佛进入一个迷幻的动漫世界中，忘却了生活原本的艰辛。

东京也是一座传统与流行文化相碰撞的城市，当浅草寺"雷门"前硕大无比的红灯笼取代了万家灯火，护城河上的二重桥让漫步的旅人重温古时候的岁月静好，迪士尼乐园内却人头攒动，旋转木马载着笑语喧哗起伏不停，划破夜空的沉寂。

东京，原本就是这样一个热闹与清雅共存的地方，只有徜徉其中，才能真正领略到它的美丽与哀愁。

有人说，新宿是一个到了夜晚才开始发光的商业区，无论夜有多深，这里都是车水马龙、人流涌动，炫目的广告牌、诱人的商铺、各色潮人目不暇接。充满绮丽色彩的新宿几乎能满足你对东京的所有想象。游人到了这里大多会出现两个烦恼，一个是买不够，再就是来不及。

在热爱购物的人士眼中，新宿之后，下一个目的地必然是银座八丁目，它不仅是东京市内最主要的商业区之一，同时还被誉为"世界三大名街"之首。八丁目就是八条街的意思，这里不但有很多的免税店，还有超大的优衣库旗舰店。但在疯狂血拼的时候一定要注意方向，因为八条街是平行的，只有一条主干道贯穿，所以在逛街的时候最好固定顺时针或逆时针转，不然肯定要迷失在灯火辉煌的东京街头。

喜爱潮物的年轻人，推荐去原宿一游，原宿是东京涩谷区的一个街区，也是东京最著名的"年轻人之街"。逛原宿代表性的街道竹下通及附近街巷，可以看到很多面向潮人的流行服饰店、时髦的杂货店、极具个性的中古店等，可谓是时尚文化的发源地。据说从这里流行出去的时髦服饰，成了能带动巴黎时装周的风向标。

你知道哪里是流行电子产品的最全面的集散地吗？全世界首推东京秋叶原！它是世界上最大的电器商业街区，在沿街大大小小几百家电器店里，随时

▼东京国际会展中心

>> Look | 19

▲ 京东银座商业区的夜晚灯火通明，热闹非凡。银座八丁目还被誉为"世界三大名街"之首。

可以发现最新型的电脑、相机、电视机、手机、家用电器等，品种相当齐全。这里也是日本动漫文化的发祥地，遍地都是动画、漫画、电玩、手办商店，还有很多偶像系店铺、动漫咖啡馆、女仆咖啡馆等，在这里常常能看到Cosplay（角色扮演）的少男少女，是御宅族和动漫迷的一大"圣地"。

东京塔也叫东京铁塔，正式名称为日本电波塔，是东京观光的必游景点。这座红白色铁塔原本以巴黎埃菲尔铁塔为原型建造，但比埃菲尔铁塔更高。

红色的塔身高高耸立，艳丽而又孤傲，干净的颜色绝对超乎了人们的想象，整日暴露在空气中的高塔，没有一丝蒙尘的露怯之感，仍旧红得夺目、白得耀眼。尤其在日落之际，登塔眺望，星空恍若触手可及，而且在这里真的可以看到坠落的流星，"唰"地一下在眼前划过，消失在繁花似锦的都市中，给心灵带来极大的震撼和绝美的享受。

也许日本人的性格中原本就有一种"要做就要做到极致"的任性，于是东京晴空塔（也叫"东京天空

度假便利帖

所属地区：日本本州岛关东地区

著名景点：东京塔、东京迪士尼、银座、东京巨蛋、东京晴空塔、新宿、秋叶原

印象关键词：海洋迪士尼、樱花、天皇、巨塔

▲东京塔

树")应运而生,它高634米,仅次于迪拜塔,它取代了东京塔成了东京的一个新地标。

晴空塔的塔身采用日本传统的"蓝白"配色,略带青色的白就像白瓷,看起来十分柔和滑润,尤其到了晚上,塔身的灯光在浅绿、淡紫之间变化,非常雅致。搭乘快速电梯到达350米高的展望台,可以眺望东京湾隅田川、东京塔、东京巨蛋及远处的摩天楼等城市景观。塔内还建有咖啡厅,一边喝着浓香的咖啡一边欣赏美丽的景色是十分惬意的事情。

每年的三四月份,由晴空塔上远眺,最引人注目的莫过于上野公园那灿似云霞的樱花。

上野公园是东京最大的公园,公园内设施众多,游人可以很悠闲地随意游玩,感受这座都市公园的自然美景和人文风情,也可以花上一整天时间来研究这里的文化艺术。同时这里也是东京最著名的赏樱胜地,目前公园已有一千三百多棵樱花树,其中发掘自上野公园的樱花名品"染井吉野"尤具代表性。每到四月初樱花盛开的季节,风过之处落樱如雨,尤为壮观,鲁迅那句"上野樱花烂漫时"便是出自此。

除却上野公园,东京还有一处景点也极具代表意义,那就是东京历史最悠久、最有名、人气最旺的寺院——浅草寺。

浅草寺的象征是入口处的风雷神门,大门上挂着写有"雷门"两字的巨大红灯笼,非常气派,门内通往寺庙广场的小路上,一字排开的诸多店铺摆满了各种极具日本风情的小商品。来到浅草寺主广场会看到宝藏门,从这里进去是百来米的铺石参拜道,通向供奉观音像的本堂。本堂屋顶很有特点,有非常明显的倾斜度,这样使屋脊显得异常高耸,造型结构鲜明而醒目。寺内幽静雅致,极少听到人语喧哗,好像回到了很久以前那个古老的年代。

在地铁舞浜站附近,就是始建于20世纪80年代的

▲ 浅草寺
夜晚时分的浅草寺，竖立旁边的为五重塔。

东京迪士尼乐园。一进乐园大门，米老鼠、唐老鸭等童话中的影像都活生生地出现在眼前，令人兴奋。

越往纵深行进，节目越是丰富，不但有"小小世界""幽灵古堡"、小火车、游轮、木筏等游乐项目，每天还有两次根据季节而安排的"冰雪奇缘"巡游，如果午后能在"西部乐园"区的广场楼阁餐厅用餐，还能直接看到对面广场舞台的"超级跳跳跳"表演。

夜晚的迪士尼同样让人流连忘返。当华灯初上，"梦之光"电光大游行是所有去迪士尼乐园的游客不可错过的一项表演，五彩的灯光下，每一张笑脸被电光笼罩，焕发出异样的神采，彩虹般多姿绚烂的华服在漆黑的夜色中，闪耀出绮丽的光芒，令人眼花缭乱。

迪士尼乐园不远处还有个游乐天堂，那就是迪士尼海洋公园，也是全球迪士尼中唯一以"海洋"为主题的游乐园。整个乐园有地中海港湾、美国海滨、发现港、失落河三角洲、阿拉伯海岸、美人鱼礁湖、神秘岛七大园区，虽然游乐项目比东京迪士尼乐园少，但总体更加刺激，更适合成年人游玩。

东京，真的是一个颇为奇特的城市，一边是浓墨重彩的欲望都市，一边又是青铜古灯斑驳的无声，也许一座城市的历史与发展相融合后便是如此这般，不经意间，就翻去了几百年的日月流转，而岁月，就在今朝与往事间交错，然后又各自精彩。

Rome

罗马 —— 梦中的永恒之城

> Chapter 1 ● 任时光镌刻，那一抹繁华都市的风情

如果看过电影《罗马假日》，必然难忘奥黛丽·赫本与格里高利·派克一路走过的风景；如果看过历史大片《角斗士》，也必然难忘那一幕露天竞技场上残酷的生死决斗。然而，真实的罗马比电影里的罗马更加让人震撼。

漫步罗马街头，目之所及是旧的房屋，旧的街道，整个城市好似一件博物馆里陈列的历史文物，但也正因为这份古旧，我们才感受到了这座"永恒之城"的厚重，它就像一个模糊了时间与空间的迷宫，一半是现代文明的车马喧嚣、繁华热闹，一半是历经千年风霜仍魅力不减的古迹。那一处处废墟，是残缺的、古旧的，却见证着古罗马文明曾经的辉煌；那一座座独具形态的喷泉、精雕细刻的雕塑，是艺术家的心血结晶，也是在讲述着美丽的罗马神话……

意大利的首都，有一个振聋发聩的名字——罗马。

古罗马帝国的辉煌，天主教驻地，意大利文艺复兴的中心，都是这座拥有近两

▼ "许愿池"特莱维喷泉

>> Look

千五百年悠久历史的城市的荣耀,因此,它被世人赞誉为"永恒之城"。而罗马的永恒,不只是在于这些曾经的闪亮光环,更体现在罗马人对历史的尊重与珍惜,面对着现代繁华的冲击,他们始终坚持守护那些文化遗迹,哪怕是千年前的断砖残瓦也极尽呵护。正因为这样,我们今天才能看到这样一个犹如露天历史博物馆的罗马古城。

罗马城建造在台伯河下游的七座小山丘上,故又被称为"七丘之城",城内矗立着诸多世界闻名的古迹,如斗兽场、凯旋门、帝国元老院、万神庙、罗马广场废墟等,这些曾经辉煌一时的古建筑,见证了这个城市的几度毁灭与复兴,是罗马的地标,也是全世界的骄傲。

罗马给人的第一印象是古旧的,到处可见倾塌的城墙、残破的宫殿、斑驳的石梁和损坏的雕像,就连市中心最显眼处也保留着被严重毁坏的旧时道路。这令人惊讶,觉得与罗马的赫赫声名不相匹配,但同时也不得不承认,罗马人对这份残缺美的刻意维护让人感动。

最为震撼人心的废墟,应该要数古罗马斗兽场了。这座残破却气势恢宏的椭圆形建筑,曾经是古罗马帝国的角斗

Chapter 1 ● 任时光镌刻，那一抹繁华都市的风情

古罗马竞技场

作为古罗马文明的象征，古罗马竞技场以其宏伟和独特的造型闻名于世。

士竞技的场所，尽管如今只剩下残垣断壁，仍可让人想见它曾经的辉煌壮丽。

斗兽场总面积约两万平方米，可同时容纳近九万人，它的座位分为三层，分别供不同阶级的人使用。为了方便观众进出以及在特殊情况下疏散人群，设计者不仅在第一层安排了80个拱门入口，还在每一层的座位边安排了160个"吐口"，据说，清空这里只需要短短10分钟。如此宏大的规模、科学的设计、精巧的建造，实在是让人赞叹不已，难怪斗兽场被列为中古世界七大奇迹之一。

据罗马史学家狄奥·卡西乌斯记载，斗兽场是由数万名俘虏用了8年时间修建而成的，为了庆祝竣工，当时的统治者竟组织了3000名奴隶、罪犯或战俘与5000头猛兽进行了长达100天的血腥厮杀，直至人与兽

度假便利帖

所属地区：意大利拉齐奥

著名景点：罗马斗兽场、万神庙、特莱维喷泉、许愿池、黄金宫殿、圣母玛利亚大教堂、图拉真集市

印象关键词：七丘之城、永恒之城、喷泉之都、《罗马假日》《角斗士》

>>Look | 25

最后都流尽鲜血，同归于尽……

那样野蛮、血腥、残酷的场面，对于今天的我们来说，简直是不忍卒睹！想象着台下是生死一线的搏杀，观众席上的统治者、权贵甚至平民却在呐喊助威、开怀大笑，几万人用他人的生命来寻求刺激、满足兽性，让人不得不为人类曾经的愚昧无知深深叹息。也许，斗兽场废墟的存在，其意义不仅是作为建筑史上的一个千古绝响，也是对人类灵魂的一种警醒。

紧挨着斗兽场的是建于315年的君士坦丁凯旋门，在罗马现存的三座凯旋门中，它是年代最晚的一座，但据说拿破仑对它大为赞赏，并以它作为法国巴黎凯旋门的蓝本。而不远处便是古罗马城市广场，可惜时光无情流逝，现在的它不过是一片荒凉的废墟，令人唏嘘不已。

罗马的众多广场也是旅游观光的胜地，威尼斯广场、西班牙广场、纳沃纳广场、波波洛广场、圆柱广场、共和国广场以及米开朗琪罗设计的卡比多广场都相当有名。在广场间漫步或静坐，不仅能欣赏到罗马建筑的特色，也能最直观地感受罗马人的生活。

在罗马，最大、最漂亮的广场当数位于市中心的威尼斯广场。广场上最著名的建筑是威尼斯大厦。这座文艺复兴时期的宫殿式建筑曾是威尼斯共和国大使的官邸，后在1943年改为对外开放的艺术博物馆，它与威尼斯保险总公司大楼分别雄踞于广场的东西两面，广场也因它而得名。

广场的正面是坐南朝北俯视着广场的维克多·埃曼纽尔二世纪念堂，这座高大巍峨的白色大理石建筑建于1911年，纵然是在罗马这样一个遍布宏伟建筑的城市，它也是相当醒目的，如果在罗马城里迷了路，很多时候都能通过它来辨别方向。大气而精致的16根圆柱形成的弧形立面是纪念堂最吸引人的部分，宽阔的台阶下有两组半圆形的喷泉水池，台阶中央骑着马的镀金铜像就是维克多·埃曼纽尔二世，他于1870年

▲ 君士坦丁凯旋门

君士坦丁凯旋门是罗马城现存的三座凯旋门中建造年代最晚的一座。

▲ 罗马西班牙广场一角

▲ 威尼斯广场全景

完成了意大利的统一大业，纪念堂也正是为了庆祝这一胜利而建造。

　　威尼斯广场每年都会有几次被海潮漫过，每当此时，大半个广场都浸在潮水里，周围建筑的倒影映在水中，与蓝天白云相衬托，共同组成一幅熠熠发光、玲珑剔透的水晶画。人们往往会抛开平日里的束缚，童趣顿生，脱了鞋袜在水中嬉戏奔跑，尽情释放生活带来的压力。

　　位于三一教堂所在山丘下的西班牙广场是罗马的地标之一，同时也是罗马最高档的购物区，无论何时来到这里，都可以见到人潮汹涌的热闹景象。广场依山而建，那登上教堂的西班牙阶梯是巴洛克大师贝尼尼的杰作，138级台阶曲折向上延伸着无限风情，在台阶上售卖鲜花或画像的小摊买点小玩意儿，或闲坐在那晒晒太阳、看看风景，或登上教堂的最高点俯瞰美丽的罗马街景，都是一件无比惬意的事情。这里曾是浪漫爱情电影《罗马假日》的外景地，故而也吸引了许多年轻男女来此约会。

▲ 古罗马废墟遗址

古罗马废墟的存在见证着古罗马文明曾经的辉煌。

>> Look | 27

今生要与你相约的100个地方

New York

纽约——不夜城的狂欢

对于纽约，有句话说："如果你爱他，请带他去纽约，因为那是天堂；如果你恨他，请带他去纽约，因为那是地狱。"这是电视剧《北京人在纽约》中的一句台词，曾引起一代人对纽约的憧憬。如今，纽约依旧在世界上占据着举足轻重的地位，却不再神秘。越来越多的人涌向那里，居住或者仅仅是作为过客。

第五大道与64街街口的位置，坐落着一个巨大的花园，犹如沙漠中的绿洲一样惹人喜爱。这片土地原本是荒废的空地。如今被建造成茂密的树林、宽广的湖泊和大片大片的草坪。

中央公园是纽约市的后花园，在曼哈顿岛的中央，因其是完全的人造自然景观，与自然形成的风景相比显得更为完美一些。庭院、溜冰场、小公园、小森林、湖区、美术馆、各类运动场等设施应有尽有，既满足了纽约市民的休闲娱乐需求，也吸引着无数游客。

独特的设计，使得置身园中的人完全看不到周边钢筋

▼纽约中央公园

▲ 纽约第五大道夜景

混凝土铸造的摩天大楼。整个中央公园是长方形的，北部人烟稀少，相对比较安静，拥有三个大花园和一些池塘；南部总是热闹非凡，随处可见慢跑、溜冰、散步、晒太阳的人及在大片的草坪上野餐的欢乐家庭。生活暂时脱离大都市的纷扰，潇洒自在。

漫步其中，不时地会想起美剧或者好莱坞电影里的镜头。心中暗想，会不会在这里偶遇拍摄影视剧的剧组，或者某个演员？当然，不是随便哪一天都可以有这种好运气。走累了，找一处草坪，结结实实地躺下去，摆出两个"大"字形。遥望着湛蓝的天空，聊一聊未来的生活。

纽约人无疑拥有着世界上少有的幸运，可以尽情享用这片生机勃勃的土地。美好的生活不仅需要自己创造，也需要珍惜现有的自然资源。经济的发展带来利益，但对利益的追求却不能肆无忌惮，中央公园的存在恰好诠释了这一点。

有人说，不管游览纽约多少次，都要去中央公园走一走。偌大的面积，几次也走不完。随着四季的交替，同一地点的风景又变换成不同的样子。沉醉其中，洗清旅途的劳顿和疲惫，带着爽朗的心情继续行走。

去往下一站时，可以顺道去附近的公园大道走一走。两边的豪华建筑群，处处彰显着高贵和奢华。来自世界各地的王公贵族、亿万富翁居住在这里，逐渐形成一道由金钱堆砌起来的"风景线"。

纽约的夜，霓虹闪烁，精彩绝伦。

作为世界上最繁华的大都市,丰富的夜生活自然是不可或缺的。傍晚时,找一个安静的场所,好好休息,当夜晚来临的时候,自己才能有充足的精力彻夜狂欢。

第一站,以时报广场拉开帷幕。这一处被称为"世界的十字路口"的繁华之地非常值得一逛。四处都是巨大的霓虹招牌、大屏幕宣传板和拥挤的人群,紧握住对方的手,融入人群,寻找感兴趣的场所。

不想在星星点点的剧院里耗费时间,可以选择"玩具反斗城"和"M&M'S巧克力豆总店"之类的大型特色商场。

像孩子一样在玩具反斗城里与自己喜欢的卡通形象亲密接触,芭比娃娃、乐高、变形金刚、超级玛丽……众多再熟悉不过的形象、装扮和品牌从眼前一一掠过。还有其他一些大大小小的叫不上名字的玩偶。买几个带回去送给周围的小朋友,或者自己用来收藏,都是不错的选择。尤其是乐高玩具,成人同样能沉浸其中,从中体会到"手作"的乐趣。

而M&M'S巧克力豆总店无疑是美食爱好者和小朋友的天堂,五彩缤纷、各种味道的巧克力豆布满整个商店,令人眼花缭乱,又垂涎欲滴。忍不住买上几盒,边走边品尝,记起学生时代,会因为朋友送的一盒巧克力而激动不已。

第二站,奢华的第五大道。波道夫·古德曼,美国最著名的百货商店之一,可以带来极致的购物体验,那里是名副其实的奢侈品天堂,汇集了世界顶级的著名设计师品牌。置身其中,琳琅满目的精美商品让人目不暇接。明知道不是随便哪个人可以拥有带它们回家的经济实力,但却丝毫不会影响逛商店的心情。

橱窗是该商店最大的特色,轻易地就将展示提升到艺术的高度。据说每年的感恩节前后,这里会开始上演一年一度的橱窗秀。而纽约人通常认为:没有看过波道夫·古德曼的橱窗秀,就不算过节。

最后一站,去往帝国大厦。登高远望,将整个纽约的夜景尽收眼底。86层和102层都提供观景的场所,到达楼层不同,票价也不同。但其实从观景效果来看,差别并不太大。乘坐电

▼ M&M'S巧克力豆店

M&M'S是世界第一大巧克力品牌。香浓牛奶巧克力、五彩薄脆糖衣包裹、性格鲜明的卡通形象,向人们传递了色彩缤纷的巧克力乐趣。与此相关的周围产品也是十分畅销。

▲ 帝国大厦
帝国大厦直入云霄，气势磅礴，在夕阳的映照下，更增添了几分辉煌。

梯需要排队，作为世界七大工程奇迹之一，这里总是人满为患的。

在帝国大厦的顶端跟纽约道别，是再好不过的场景。繁华背后，有着太多太多难以形容的复杂感受，使得身体的每一处细胞都兴奋异常。自己默默地许愿：我们一定还会再来；然后，带着愉快的心情和激情的余温，钻进街角的酒吧，欢舞歌唱。

微醺之时，与心爱的人四目相对，听见他对你说："Hi，宝贝，跟我回家吧。"还等什么？伸出双手，勇敢向前吧。

梅耶·博格说："在纽约，每个人都找到了自己存在的意义。"

多元化的人文内涵，使纽约成为一座具有极佳包容性的城市。快节奏的生活方式，并不妨碍外来者融入其中。不管是哪种肤色、哪个国籍、哪类信仰，都能平静、自如地站在纽约街头，欣赏她所有的美或者不美。

▲ 新加坡鱼尾狮像

鱼尾狮像是新加坡的标志和象征。

Singapore

新加坡——建在花园里的热带狮城

新加坡小巧而精致，开车只需半小时，就可以横穿整个城市。然而就是这样一个小国家，无论从何种角度去观望，映入眼帘的都是它360度无死角的美——抬头仰望，天空蔚蓝，阳光明媚；环顾左右，花团锦簇，绿草如茵；极目远眺，满眼的青草、绿树与鲜花。从街心公园到过街天桥，从庭院阳台到楼宇屋顶，哪怕一个街边小小的拐角，都被鲜花绿草装扮着，整个城市掩映在一片葱绿之中。

▲ 新加坡摩天轮

除却清洁优美的自然风光，这里还有奇幻美妙的圣淘沙，东南亚独一无二的环球影城主题公园。坐落于新海滨42层楼高的摩天轮华美炫目，令人讶异。带有神秘神像的兴都教寺庙以及中国寺庙在这个国家共生共存，充分体现了东西方文化最完美的交汇。海风徐徐吹拂，鲜花、树叶、灯笼、圣诞星花摇曳……这座活力四射的都市显现在游人眼前的是独属于它自己的韵味。

占地500万平方米的圣淘沙是新加坡最为迷人的度假小岛，岛的南岸有长度超过两千米的美丽海滩，西面安置着"二战"中英军留下的西罗索炮台、两个高尔夫球场及七间酒店。

小岛延续了新加坡"花园城市"的建造理念，放眼望去，一片青翠，郁郁葱葱。这里不但有全球最大的海洋生物园，还可以坐上世界最高的双轨过山车，体验一下两辆过山车近距离擦肩而过的刺激。

岛上最引人注目的莫过于东南亚独一无二的环球影城主题公园。环球影城包括科幻城市、埃及、纽约、失落的世界、好莱坞大道、史莱克4D电影等七大主题区，都是依据好莱坞卖座电影设计出的精彩游乐项目。行走在这里，宛如落入电影的梦幻世界。

对于爱海的人来说，圣淘沙的海滩定会带来不一样的惊喜。圣淘沙四面环海，且拥有新加坡三个最美丽的海滩——西乐索海滩、巴拉湾海滩与丹戎海滩。三个海滩别具风格，西乐索海滩是众多沙滩排球迷的聚集地，也是新加坡海滩排球的发源地，无论什么时间来到这里，都会看到众多的年轻人在海滩上玩着沙滩排球，笑声与海浪拍岸的声响相互掺杂，不禁让人悠然感叹生活原本就该这样快乐。

宽而长的沙滩上，除了有浪漫的罩伞覆盖下的咖啡座，还有许多沙滩酒吧与精品商店。坐在咖啡座里悠闲地品一杯咖啡，看独木舟、滑水板在海水中进进出出，偶尔有技艺不够精良者摔落在海水中，溅起的水花就好像散落的水晶，因映射着阳光而流光溢彩，那一刻的惬意总是令人难掩嘴角的笑容。

而圣淘沙另一处著名的巴拉湾海滩，最引人入胜的景点是其横跨巴拉湾海面、与一方小岛连接的吊桥。吊桥并不算很长，走在上面只觉悠悠荡荡的，好似随时会掉到桥下的海水中去。走过吊桥来到另一端，便是亚洲大陆的最南端，也是亚洲最接近赤道的地方，在观景台上可以眺望美丽的南中国海。

曾有人这样定论，新加坡有今日的繁荣要归功于滨海湾。滨海湾是新加坡政府斥重金精心打造的旅游度假胜地，集歌剧院、科技博物馆、大饭店、会展中心于一身，已成为狮城最新的城市象征。

滨海湾公园是新加坡最大的海边发展景观项目，公园有两个大温室，还有众多的主题园，里面种植着来自世界各地的植物。公园里最让人印象深刻的要数那些高达25～50米的巨大钢筋混凝土树干，各种各样的绿色植物顺着这些枝干攀缘而上，蓬勃生长，那一大片绿色映入看客眼中，倒像是生长的不是植物，而是勃勃生机。

▲ 新加坡环球影城主题公园入口处

而使得滨海湾蜚声国际的地标性建筑，则非世界第一高的摩天轮莫属。摩天观景轮有42层楼高，28个安装了空调的座舱，可以分别容纳28名乘客。除了普通的座舱，还有一些独特的飞行旅程可供选择，例如香槟飞行旅程、包含晚餐的星空漫宴飞行旅程等。坐在这些精心布置的浪漫座舱里，相信每个人都会为那精致的细节而感动。

在高高的观景轮上，游客仿佛置身于蓝天白云之中，四面八方的风景也一览无余，不仅可以鸟瞰新加坡全城，甚至能把远至马来西亚和印度尼西亚的大好风光都尽收眼底。

摩天轮对面就是有名的滨海湾金沙酒店，这是一个由三栋酒店大楼组成并由楼顶的"空中花园"连在一起的建筑，仅看外观，便能联想到其内部的奢华与尊贵。在顶部那片占地1万平方米的空中花园里，最令人瞠目的是那个看似漫无边际的泳池，泳池长150米，是奥运会泳池长度的3倍。乍看之下，泳池似乎

度假便利帖

1. 摩天轮分白天和晚上两种票价，晚上票更贵些。

2. 在新加坡随意丢垃圾会被处高额罚款，一定要注意。

3. 逛牛车水可备些零钱。

▲ 滨海湾公园中两座世界最大的冷室花园

没有护栏，随时会化作一道瀑布从高楼"边界"处飞流直下，设计可谓是独具匠心。

中国城位于新加坡市区，当地人习惯称中国城为"牛车水"，因为在很早以前，这里的原住民都以牛车拉水来清扫，于是才有了如今的昵称。现在的牛车水是现代购物中心，各色小贩和百年老店毗邻而居，热闹而纷杂，是领略新加坡市井气息的最好选择。

游历牛车水最令人兴奋的时间莫过于农历新年期间，那时整个地区张灯结彩，各种小店、杂铺都装修一新，节日商品和风味小吃遍布街头，人声鼎沸，热闹异常，非常有过年的气氛。

新年去庙里祈福是许多人的习惯，位于牛车水区直落亚逸街的天福宫，是新加坡最古老、香火最鼎盛的道教庙宇之一。寺庙沿袭了中国传统寺庙的建筑风格，运用了飞檐翘角、琉璃瓦、龙纹图案等元素，而其建筑材料甚至神像，都是当年从中国福建运过去的，从中可见新加坡移民的思乡情结。

美景盛产美食，说起新加坡的特色小吃，不得不提到一个地方——老巴刹。

"巴刹"在马来语中是"市场"的意思，最初老巴刹是个菜市场，现在则成为全天24小时开放的小吃中心，聚集了数百家摊贩，并以经济实惠著称。在这里，炒粿条、蚝煎、拉沙、肉骨茶这些新加坡名吃应有尽有，还有来自不同民族的各色大餐。有人说，穿行在老巴刹，嗅着咖喱、沙爹、海鲜、娘惹这些来自不同民族的食物香味，才是真正闻到了新加坡的味道。

▲ 棕榈岛亚特兰蒂斯酒店

✈ *Dubai*

迪拜

—— 沙漠中的一朵莲花

迪拜是全球公认的奢华之城。著名电影《谍中谍》第四部，汤姆·克鲁斯徒手攀登"世界第一高楼"的一幕；《速度与激情》第七部中，范·迪塞尔驾驶豪华超跑在迪拜大楼飞驰的一幕：都足够震撼人心。惊心动魄的美，令人对迪拜心生无限向往。即使没有动人的自然风景，也没有闻名遐迩的历史建筑，迪拜仍是世人追捧的旅行地。

▶ 迪拜购物中心

Chapter 1 ● 任时光镌刻，那一抹繁华都市的风情

游览迪拜，哈利法塔是必到之地。

这座塔自2004年动工建造以来就一直吸引着全世界的目光。162层，828米，总投资70亿美元的现代化摩天大楼，代表着世界级的奢华与宏伟，是当之无愧的世界第一高楼，也是迪拜的象征。天气晴朗时，在迪拜的任何地方，都能看到这座直入云霄的高大建筑。

走出机场后，直接乘坐轻轨至哈利法塔站，出站后再向西步行10分钟即可达到哈利法塔。努力仰起头，可见哈利法塔犹如一根定海神针，气势逼人。塔下是一个巨大的音乐喷泉，十分壮观。登塔需要提前预约，在指定地点取票后，便可排队乘坐电梯达到观景平台。

坐电梯时可以欣赏到走廊的幻灯片，讲述着整个阿联酋的历史，从默默无闻的小渔村到现在变成世界最高调奢华的国度，沙漠与酋长、骆驼与商队、蓝天与海洋一一呈现。整个哈利法塔如同一枝洁白的花朵，随着高度层层绽放。

与爱人一起登上哈利法塔，是许多人长久以来的愿望。傍晚时分，是登塔观景的最佳时间。远处的棕榈岛、海岸线、豪华的建筑，尽收眼底。站在上帝的视角俯视这一座奢华的城市，一切是如此的渺小，十指紧扣，难以抑制澎湃的心情。

落日之时举目远眺，火红的夕阳散发着温热，缓缓地藏身云层，渐渐隐没在茫茫沙漠与湛蓝海水的交汇之处。之后，塔底的音乐喷泉开始奏响。这是世界上最壮观的喷泉，奏响阿拉伯传统音乐与各类世界名曲，水柱喷洒出不同的姿态，时而舒缓如少女婀娜多姿，时而激昂如武士冲锋陷阵，时而高亢如灯塔耸入天际，时而婉转如溪流涓涓不止，伴随着音乐的节奏在人们眼前呈现不可思议的水之舞蹈。

迪拜的夜幕在这音乐声中缓缓降临。明亮的霓虹灯将城市的每一条道路点缀得格外耀眼，街道上密集的车灯如同闪耀的繁星，缓缓流淌成一道人造的银河。这座不夜城的狂欢，即将来临。

世界闻名的迪拜购物中心就在距离哈利法塔不远的位置，每年元月，迪拜都将迎来一场购物狂欢——迪拜购物节。不仅各种免税商品应有尽有，甚至还有着五至七折的优惠，吸引着成千上万的人前来"淘宝"。

当然，世界各地的购物中心都会格外"照顾"中国人。几乎每家商店都会配备中文导购，四处可见中文的商品介绍，所以在此购物完全不必担心交流障碍，只需拥有足够的体力和钱包，就能在这琳琅满目的货品中找到心中最爱。

为了缓解逛商场太久产生的审美疲劳，这里还配有五星级酒店、溜冰场、儿童乐园、美食中心、水族馆、电影院等各类娱乐设施供人消遣。其中，位于商场二楼的Reel影院，是迪拜当地最大的电影院，情侣们若是想要躲避人流，可以去享受一下顶级的视听效果。而水族馆也是不错的选择，三万多只海洋生物自由自在地生活着、表演着，在灯光

的映照下，游人仿佛置身海底世界。沙漠之下的蓝色梦幻，尤其具有吸引力。

在《迪拜购物中心手册》的扉页上写着这样一句话："想您所想，应有尽有。"在这世上恐怕只有迪拜才有这样的底气了吧。

走出光芒万丈的新城，来到老城，就像穿越了千年的时空。

一条迪拜河，将城市分为东北边的豪华新城和西南边的传统老城。冰与火的交汇之处，可以清晰地感受到迪拜脉搏的跳动。从新城去往老城，是喧嚣之后的沉寂，也是奢华之后的朴素。

迪拜河的两岸最方便的交通方式当数"水上巴士"，票价十分便宜，与爱人一起携手乘坐巴士，游览迪拜河两岸的瑰丽风景：蓝天白云，炎炎烈日，徐徐海风，洁白的清真寺圆顶映照着耀眼的光，高耸的尖塔在岁月中屹立，这浓郁的阿拉伯气息，令人联想起古老的《天方夜谭》。

迪拜河的对岸是香料市场，远远地就可以闻到浓烈的香气。香料是阿拉伯当地

▼迪拜帆船酒店图组

的特产，迷宫般的小巷中，各色香料应有尽有，五颜六色、整整齐齐地摆放在店铺前，让人眼花缭乱。还有各种用来调味的食用香料，是精美菜品不可或缺的搭配。

在市场中待久了，鼻子会产生免疫，很难分辨不同的香气与味道。唯有当地人似乎一点儿也不会受到影响，或许是因为香料已经深入他们的生活。游客们通常只是随意选择几种香料当作纪念品或伴手礼。

香料市场的旁边是著名的黄金市场，拥有千百家黄金店铺，是名副其实的黄金世界。各种黄金打造的首饰、工艺品令人目眩神迷，且售价低廉。即使你并不热衷于黄金，这里依旧是你大开眼界的好去处，各种造型怪异独特的黄金饰品，世界上最大的黄金戒指，传统阿拉伯风格的黄金工艺，赏心悦目的黄金艺术品，比比皆是。

黄金并不仅是代表财富，也在人类文明的发展中起到关键作用。那些将黄金锻造成艺术珍品的工匠，着实令人敬佩。

资金，是迪拜拥有的最大资本。迪拜人用巨额资金创造过一个又一个奇迹，其中就包括世界上最大的人工岛屿——棕榈岛。

棕榈岛并不是一个单独的人工岛，而是由朱美拉棕榈岛、阿里山棕榈岛、代拉棕榈岛和世界岛共四个岛屿群组成的。从空中俯视，两棵棕榈树般形状的陆地与各种小岛配合在一起，勾勒出世

▲ 直入云霄的哈利法塔

界各地的地貌，为整个国家增添了许多瑰丽的海滩。

这一切如同神话般的鬼斧神工全部来自能工巧匠的精雕细琢，凝聚着人类现代科技的最高水平，蕴含无限想象，史诗般的宏大规模和独具匠心的大胆设计令世人惊叹。

和恋人一起在朱拉美海滩漫步，在这恢宏的人造胜景中晒晒日光浴，感受现代科技、金钱、人类智慧所打造的奇迹。遥望远处，世界上独一无二的七星级帆船酒店，仿佛置身异世界。遍布岛屿的公寓和别墅，是否有一幢是为我们而建的呢？

只想握着爱人的手，一起感受迪拜最璀璨的"金色世界"。当繁华落幕，生活终将归于平淡，只愿这一路走来，宠辱与共、贫富共济。享受过纸醉金迷的世界，才更懂得平淡是真的道理，一切都有你，便足矣。

Chapter 2

在这万般**柔情**的大地上，诗意地栖居

The Ancient City of Lijiang
丽江古城——尘不沾衣美浸髓

有人说，100个人到丽江会发现100种丽江风景，可以发思古之幽情，也可以感悟人生。丽江对都市人最大的吸引，莫过于，它总是安安静静、不动声色地在那里等待着你的独特发现。

"家家门前垂杨柳，户户房后清水流。"流动的城市空间、充满生命力的水系、风格统一的建筑群体、尺度适宜的居民建筑、亲切宜人的空间环境以及独具风格的民族艺术内容等，使其有别于中国其他历史文化名城，它就是有"东方威尼斯"之称的丽江古城。

踏着五彩石铺就的街道缓缓步入古城，望着身边欢快跳动的小溪，听着它奏出的一个个音符，游人豁然而悟：以山为骨架，以这古老的建筑为肌肤，那这水不正是古人赋予古城的灵魂吗？终于知道为何玉河水来到古城后一分为三了，不是要古城形似江南，也不是要古城变成东方威尼斯。古城是有生命的，它需要使它生命沸腾的热血！

在丽江古城，可登高览胜，观古城形

丽江古城街道

夜色下的丽江古城显得静谧、古朴而端庄。

势。古城巧妙地利用了其特有的地形，西有狮子山，北有象山、金虹山，背朝西北面向东南，避开了雪山寒气，接引东南暖风，藏风聚气，占尽地利之便。在这里，可临河就水观古城水情。古城充分利用泉水之便，使玉河水在城中一分为三，三分成九，再分成无数条水渠，使之主街傍河、小巷临渠，古城因此清净而充满生机。在这里，可走街入院赏古城建筑。古城建筑全为古朴的院落民居，房屋构造简单、粗犷，而庭院布置和房屋细部装饰则丰富而细腻。居民喜植四时花木，形成人与自然的美好和谐。在这里，可入市过桥览古城布局。古城布局自由灵活，不拘一格，再加上民风民俗，生发出无穷异趣，使古城独具魅力。

古城从宋末至今已经历了八百多年的风风雨雨，在这八百多年的风雨轮回中，它拒绝了现代都市文明的诱惑，依然保持着它的最初。也许有人这一生都在寻找一个宁静的世界、一个无争的世界，但有谁会想到在滇西北高原、在一个远离现代文明的边陲小镇，竟存在着一个能让时光停滞的世界？

古城的泉水富有韵律，清澈的泉水分三股主流穿城而过，在城区又变幻成无数支流，穿街走巷，入院过墙，流遍万户千家。黑龙潭是玉河水的源头，泉水从四周山麓的古老栗树下、岩隙中喷涌而出，在此汇成一个巨大而又神奇的出水潭，成为古城生机勃发的奥秘。

有人说，100个人到丽江会发现100种丽江风景，可以发思古之幽情，也可以感悟人生。丽江对都市人最大的吸

丽江古城老宅

❶ 以水为核心的丽江古城因水的活用而呈现特有的水巷空间布局

❷ 白马龙潭和井泉

城内早年依地下涌泉修建的白马龙潭和多处井泉至今尚存,人们创造出"一潭一井三塘水"的用水方法,头塘饮水、二塘洗菜、三塘洗衣,清水顺序而下,既科学又卫生。

❸ 四方街是古城内的小吃一条街,街道两侧有数十家小餐馆

引,莫过于它总是安安静静、不动声色地在那里等待着你的独特发现。

　　山脚下的小屋、河边的店铺,这些犹如玩具似的、刚好够一家人居住和使用的建筑物都不是为了形成某种整体的美去破坏与自然的和谐,一切都是那么随意地依着山势、傍着河形——修建起来的。虽然它们高低不同,但都洋溢着一份自然,在这里因人居住需要而修建的房屋也就自然地和周围的一切相默契了。那些参差错落的屋脊也就让人感到了它的有规有矩;从中也使人体会到了古人哲学思想"混沌理论"的精髓:无序中有序,有序中又无序。同时也在告诉我们:"人与自然是可以达成和谐的!"

　　小憩于水旁的茶座,茶香扑鼻而过,看脚下流水欢畅,回旋的波纹辉映着古城五彩的夜色,任凭弱柳拂风掠面,聆听对面阁楼传来忧伤缠绵的纳西古乐,流水、岸柳和传统古朴民宅交织一起,古色古韵。意阑珊,情迟迟,使人身心陶醉于古城欢悦的夜空下,让烦躁的心灵慰藉于古城温馨的暮色里。

　　丽江古城带给你的不仅仅是远离都市的喧闹和繁华,古城给你最大的一个感觉是"静"。这里的静不同于空旷的森林和大漠给你的孤寂——让你觉得不安的静;不同于宁静的古刹带给你的沉重——让你觉得拘束的静;古城给你的静是一种融入、一种和谐、一种与世无争的静。

　　的确,当你在现实中迷失了自己,在都市中找不到方向时,不妨踏入小城。古刹的悠远、道观的清新都远远不及古城带给你的宁静和与世无争。它等待着你的到来!

旅行·印象

泸沽湖:位于云南宁蒗县与四川盐源县之间,意为"山沟里的湖"。自然环境破坏轻,湖水非常洁净。虽然四周高山一年有三个月积雪,但湖水终年不冻,而且湖光秀丽。

玉龙雪山:是云岭山脉中最高的一列山地,由13座山峰组成,主峰扇子陡海拔在5596米,是云南第二高峰。

▲ 河边的土楼

经常在河边洗衣的村民，生活得静谧、怡然。

Yongding Earth Building

永定土楼——锁住了那些刻骨的时光

如果楼是岁月的刻度，一定能记得下金屋藏娇的久远；如果楼是岁月的刻度，客家人就是最好的史官；如果楼是岁月的刻度，那历史一定不舍得走远。因为这土楼的风光太过旖旎飘逸，太过美好神秘，它记录了美丽，记录了一段不朽的传奇。

在一个细雨蒙蒙的天气，撑一把油纸伞，穿一身蓝花衣裳，踩着湿润的土地，和着青草的芳香，慢慢地走进这座土楼的天堂。偶尔走出的老者，穿着客家人的衣衫，留着花白的胡须，额头的皱纹除了笑意，写得满满的，都是善良和朴实。池塘的沿上，还有几个小孩在小雨里嬉戏，赤着脚，淋着雨，大声说笑喊叫，追逐奔跑。树枝挂着繁密的叶子，倒映在池水里，映出一池娇嫩，这里幽静得不似人间。

土楼一座连着一座，像是牵着手嬉笑的客家女孩，立在水边梳洗打扮。富丽堂

▲ 山坡上的土楼群落

皇的振成楼掩映在树丛里，像羞涩的女子一样，半掩着美丽的面庞，几枝桃花探出娇艳的身子，点亮了这个季节的故事。有情侣牵着手从桃花旁边走过，那种年轻的小浪漫和小幸福，仿佛推开了岁月的沧桑，连百年的圆形土楼，都瞬间年轻起来，靓丽地迎接着远方的客人。这是土楼中的王子，凝结了客家人的智慧和传统，天圆地方的传说被振成楼诠释到了极致，很难再找到这样的经典与之媲美。

馥馨楼，一个雅致的名字。南方特有的红壤，加上了石灰和红糖，被一千两百多年的雨水冲洗，这楼像一位神秘的女子，穿着淡红的衣衫，棕榈树在不远处招摇着，蝴蝶不时环绕着这楼一群群飞过。五彩缤纷的翅膀，是这红衫最美的花色。

馥馨楼的四周有4米宽的壕沟，雨水丰沛的季节，就成了一条浮光跃金的小溪，像极了红衣女子镶着彩边的长裙，长长的，拖曳在地，仿佛一转身，就会掉一地璀璨夺目的珠宝。永定的土楼，注定不是故事里的灰姑娘，而天生就是典雅的公主。

集庆楼像是活泼的客家小伙子，热情奔放，爽朗多情。背后的青山，是集庆楼最后的装饰，一道道梯田，连接着无穷的远山和蓝天，这清澈和美丽，似乎就一直这样存在着，不特别，不消失。集庆楼俨然是那个客家小伙，笑着蹲在山前，手拿柳叶笛，吹一支清朗的曲子给心爱的姑娘，托风把心事带进土楼的那个窗户，雕着精致的小花，窗棂上挂着一串风铃。

神秘的集庆楼，没有一枚钢钉，硬生生地穿过了6个世纪的风雨，依然笑望着这世界。从风雨飘摇处走来，走过繁华，走过低谷，走过绝世的容颜，走过动荡的昨天。它心里该是藏了多少期盼，藏了多少心愿，所以才这样一路走来，带着不变的笑意，就像很久很久的从前。历史太过久远，当年的风光，谁知道有着怎样的旖旎和辉煌？岁月太过厚重，曾经的时间，谁知道写着多少的曲折和悠远？

然而幸好，历史也不曾改变什么，美丽的，依然美丽着；传奇的，依然传奇着。所以千百年后的今天，我们依然可以徜徉在永定的老街，穿梭在伫立的土楼，依然可以撑着一把油纸伞，带着娇俏的笑颜。

Chapter 2 ● 在这万般柔情的大地上，诗意地栖居

今生要与你相约的100个地方

▲ 傍晚的小桥流水

乌镇是典型的中国江南水乡古镇，有"鱼米之乡"之称。

Wu Zhen
乌镇——有疑天颜不老

乌镇是中国江南的封面，"小桥、流水、人家"的韵味弥漫在乌镇的每一个角落。以河为街，桥街连连，河畔筑屋，大院深宅，乌檐白墙，河埠廊回，过街骑楼，穿竹石栏，临河水阁，古香古色，水镇一体，仿佛都在暗示着一种情致、一种氛围。

乌镇，是有着1300年历史的江南水乡古镇。从872年建镇以来，乌镇镇名未变，镇址未变，水系未变，生活方式未变，传统建筑百年风雨，依旧完好。乌镇有着浓

郁的东方文化气息,干净里掺杂着几许沉静,它的沉稳和从容不迫的淡定,是岁月积淀的丰富,需要细细品味,才得真谛。

乌镇是中国江南的封面,"小桥、流水、人家"的韵味弥漫在乌镇的每一个角落。以河为街,桥街连连,河畔筑屋,大院深宅,乌檐白墙,河埠廊回,过街骑楼,穿竹石栏,临河水阁,古香古色,水镇一体,仿佛都在暗示着一种情致、一种氛围。

乌镇的民居都呈现出一派青黑色,只是深浅稍略不同,像一幅水墨均匀的中国画一般挂在这个灵动的空间。小镇拥有羊肠般的水巷,在西栅随便找个巷子吧,最好是能让人迷路的那种,狭小的、幽深的巷子。走在巷子里,脚下青

▼ 清水映晚霞

乌镇居民世代伴水而生,枕水而眠。

▼ 乌篷船

乌篷船是当地人常用的交通工具。

>> Look | 49

石板的沟沟壑壑上填满乌镇的故事。一个一个通向水道的狭长走道中吹来柔柔的清风,带着溪水的甘甜味道。那一间间敞开着房门的房屋,雕花的木质隔扇,坐在竹子躺椅上的老人,墙上年代久远的石刻,廊檐下精致的木雕,就这么一一呈现在眼前,令人恍如隔世般惊讶和感叹奇妙。

乌镇共有一百多座古石桥,每座桥都有自己的个性和故事。所以舟行其中更能领略乌镇之美。那些枕河的木阁楼,那些不施脂粉的石桥,似乎在随着小船的摇晃而漂浮不定。水上阁楼颇有吊脚楼的味道,靠河一端用木柱和石桩支撑,搁上木板再搭阁楼,阁楼修建得很是精细雅致。乌镇的夜晚是无声的,河道里蒸腾起的水汽氤氲了水乡,朦胧了月色,轻摇船桨,如划破一池碎银,在一座座石桥中穿越,仿似穿梭一个个时空隧道。

累了,可寻一间临河的民居水阁住下,体会一下枕水而睡的悠然。水阁是真正的"枕河",三面有窗,午夜梦回,听底下水声潺潺,别有一番情趣。茅盾在一篇题为《大地山河》的散文中这样描述过故乡的水阁:"人家的后门外就是河,站在后门口(那就是水阁的门),可以用吊桶打水,午夜梦回,可以听得橹声飘然而过……"枕边的橹声将你包围在水的温柔中,侧睡榻上,恍然间听到流水声潺潺而过,梦里水乡悠然而来,摇摇晃晃的木船就载着如此多的眷恋飘然而过。

寂静清冷是乌镇最美的时刻,而静默独行是阅读乌镇的最好方式。没有了喧闹,乌镇顿时变得古老凝重起来。清晨的乌镇,万籁俱寂,流水潺潺,小桥人家,垂柳翩翩,两旁鳞次栉比的古风民居倒映在水波里,歪歪斜斜映照出自己沧桑的身影。在如此的浪漫意境中手捧香茗,斜倚在美人靠上,看屋中汲水,听一声欸乃,潺潺碧水就在脚下流向了远方。

如果想体会一下乌镇人原汁原味的生活,可去西

▲ 白莲塔寺

乌镇素有"一观二塔九寺十三庵"之说,一观是指东栅的修真观,二塔之一就是白莲塔寺。

▲ "家家面水,户户枕河"是乌镇和许多江南水乡小镇的相通之处。

▲ 经岁月更替，风雨沧桑，保存下来的江南典型水乡民居群及十几座古桥梁，诉说着古镇的清纯与从容。

栅的茶馆。在西栅，四乡八邻的镇村居民习惯于在清晨摇着船出来喝早茶、赶早市。西栅的这些老茶馆规模都不大，两三间门面，二三十张茶桌，参差地排成两三行。一张正方形的板桌，配上四条狭长的长条凳，再靠一把茶壶，一只茶盅，就留住了西栅两三百名老茶客。只有在乌镇这种地方，不经意的一瞥就会有与百年历史擦肩而过的感觉。

乌镇是一个适合怀旧的小镇。乌镇历史上是热闹的，曾经显赫一时的商铺、当铺、药铺在两岸留下了岁月刻下的道道痕迹，如今依然在记叙着它的故事。窄窄的小巷，隐隐飘来醇厚的酒香，那是乌镇有名的"三白老烧酒"正在酿制；音韵锵锵的古戏台上正举行演出，锣声唢呐声土腔土调，却着实卖力；还有东栅幕布上面那一段"皮影"传说：一切都是那么原汁原味。而乌镇的人们却不急着做生意，一如碧波荡漾、轻舟慢摇，这里的人们总是从从容容、稳稳当当。老人们或逗鸟，或养花，或聚坐在街心的廊椅上捧着茶壶说东家聊西家，或眯着眼看不知看了多少遍的本地花鼓戏。

孔桥石径，碧水轻舟。吴侬软语中，好一派物我相安的和谐与安宁。乌镇，简单、淳朴而不失历史流逝沉积下来的厚重；澄净、清幽却也浓浓地透出江南水乡的灵秀；热情、质朴仍令人感到满心都是吴越人民的亲切。

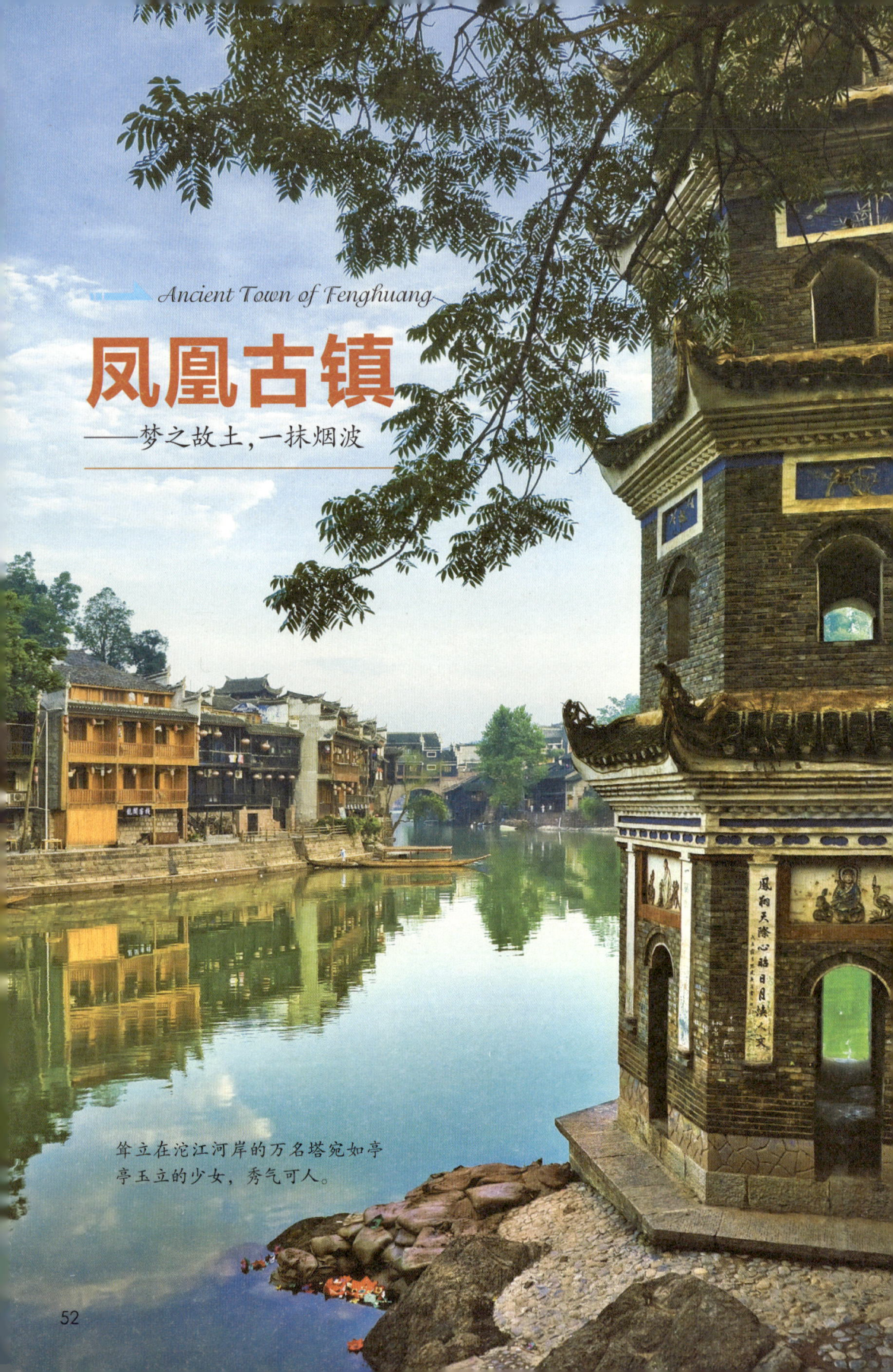

Ancient Town of Fenghuang

凤凰古镇
——梦之故土，一抹烟波

耸立在沱江河岸的万名塔宛如亭亭玉立的少女，秀气可人。

很难想象这清丽的小镇曾经是经常发生暴动的苗寨边城，鲜血曾经染红了官道和碉堡。到如今，一切都不同了。碉堡多数已残毁，汛营也多数成了民房，然而"落日黄昏时节，站到那个巍然独在万山环绕的孤城高处，眺望那些远近残毁的碉堡，还可依稀想见当时角鼓火炬传警告急的光景。湘西的神秘，只有这一个区域不易了解，值得了解"——这个沈从文笔下倾情描述的小镇，心中无限热爱而又略带神秘的小镇就是历史文化名城——凤凰。

古朴的沱江静静地流淌，孕育了一座传奇的小城。这里风景秀丽，历史悠久。城内，旧时的城楼，明清的古院，风采依然；城外，南华山国家森林公园，城下艺术宫殿奇梁洞，举世瞩目的南方长城……不胜枚举；更远处，吉首的德夯苗寨，永顺的猛洞河，贵州的梵净山，遥遥相望，奇景环抱。

清澈见底的沱江，穿过凤凰县城，从刀耕火种的原始蛮荒中走来，一路伴着凤凰，带给凤凰山城超脱的灵气，也带来了今日的辉煌。如今的河岸，"吊脚楼顺着水流的方向逶迤而行，依旧悬空于河上的各式雕花窗上，都伸出竹竿来晾晒五色衣物，像是无心的招摇，又像是含蓄的遮掩，让人揣想楼上人家的故事"。天气好的时候，成群的大白鹅在江上嬉闹，成就一幅鲜活的山水美图。

远远望去，跨越沱江之上的一道彩虹就是始建于明代洪武初年的虹桥，这是一座由紫砂岩石砌筑而成的三拱桥，桥面风雨楼屡遭战乱毁坏，近年重建之后才再现了昔日的辉煌。在凤凰，靠近虹桥的吊脚楼年代古远，一般都有百年以上的历史，门前有一块牌匾表明其身份。

雨后的凤凰别有一种烟雨蒙蒙的意味，一种诗一般的幻境，静静的，湿湿的。沈从文的孙女沈红有一篇文章叫《湿湿的想念》，正是描绘了多水、多雨、多雾的凤凰。每到雨天，撑着雨伞，伫立在小巷的深处，将整个身心都沉潜在小城的静谧之中，这里就是人们心灵的天堂。寂寥、惆怅、伤感、凄美的情怀在小雨的迷雾中渐渐升腾，又被

度假便利帖

岁月年轮：始建于1704年，由于其风光奇绝、古风悠然，多次被誉为"中国最美丽的小城之一"。

最佳旅游时间：四季皆有景。

特色美食血粑鸭：用上等的糯米以及鸭血制成的血粑，与鸭肉煮在一起。鸭肉的味道与血粑的清香融合，吃起来软软糯糯，鸭肉鲜嫩，外皮脆但入口松软，当属人间美味。

渐渐冲刷干净,心情就这样经过洗礼轻快了起来,好一座被雨水荡涤了千年的古镇……

一方水土养一方人。除了优美的自然景观,凤凰更孕育了传奇的人文景观。这里人杰地灵,名贤辈出。既有清末力抗英法殖民入侵的民族英雄田兴恕、郑国鸿,又有民国时期叱咤政坛的熊希龄,还有近代国画大师黄永玉……然而,最令今人凭吊的还是文学巨匠沈从文。

世人知晓凤凰、了解凤凰,缘起于沈从文。是沈从文先生的笔让这座原本远离都市、交通闭塞的边城名扬天下。

每年,无数游人来此一睹小城芳颜,寻访他们心中的翠翠,也有无数文人学子来此朝拜他们心中的文学圣殿,神交文学巨匠的内心世界。

到了凤凰,一定要心怀朝圣之心拜访沈从文先生的故居。这是一幢青瓦木板结构的四合院,整座建筑带有浓郁的湘西明清建筑特色,沈从文先生生于斯,长于斯,长眠于斯。轻轻走进沈从文故居,脚步踏响了院中的石板,微风拂面,似乎依稀感觉到先生的呼吸和脚步。镂花的门窗,小巧别致,古色古香,室内桌椅用具摆放俨然是老人生前的样子,轻轻抚摸一下那张大理石书案，心中最柔软的地方就这样不经意间被触动了。

且行且走，凭吊了沈从文先生——这位中国现代文学史上的旷世大师之后，几乎所有人都会心生慨叹，只有这么质朴、这么轻盈的凤凰小城才能产生这么震撼心灵的作品。

徜徉在凤凰古城，时而追随着清幽的河水，时而迷失于古老的街巷，仿佛置身于沈从文的书中，依旧是这青石板，依旧是这吊脚楼，时光仿佛早已停止了。

◀ 河边的凤凰古镇
凤凰古镇已有四百多年历史，虽历经沧桑，仍保存完好。

▼ 凤凰古镇商铺
商铺院内雕梁画栋，古色古香。

▼ 凤凰古镇冬景

▲ 卷起的草皮

秋季,田野间散落着卷起的金黄草皮。

Holland Villages
荷兰的乡村——风车转动的郁金香王国

说繁华,阿姆斯特丹远远比不上纽约、东京、上海;说时尚,阿姆斯特丹在巴黎、米兰、香港面前甘拜下风;可要说到乡村风情,估计世界上没有几处地方敢与荷兰比肩。

荷兰是风车的故乡。在荷兰东部莱克河畔的乡村里有座金德代克风车村,风车村极具田园风光,这里的小木屋外墙翠绿,精致典雅,门前碧草如茵,群花盛放,再远处便可看见19座建于18世纪的古老风车。那座专供游人参观的风车房建于1738年,高约二十米,是一座上宽下窄的砖木结构的圆柱形建筑。房顶是支撑在滑轮上的一个可转动的"盖子",房顶一边伸出根大木轴,轴上有四扇风车叶片,每扇长约十二米,另一边是根粗大的木质支架。每当阵风吹过,小小乡村里泛起层层绿涛,那19座巨大风车徐徐转动起来,周围零星分布的几幢农舍看起来就像童话里的小屋。

如有游客正巧赶在3月至5月前来风车村,还能看到遍地流芳的郁金香。荷兰也是郁金香的王国,在山村乡野之地几乎到处可见郁金香,最出名的是位于利瑟附近的库肯霍夫公园。"库肯霍夫"意即"厨房花园",它是全世界最大规模的郁金香公园,占地面积约零点二八平方千米。每年春季,公园内游人如织,在高大乔木、蜿蜒小径、青翠草坪、幽静水池的围绕中,郁金香、风信子、水仙花、百合等600万株鲜花竞相绽放,其中仅郁金香的品种就超出了500种。一辆辆用艳丽鲜花精心装饰的花车,在游人的喝彩声中,在那片庞大的花海世界中缓缓穿行,热情的荷兰人正以自己的独特方式迎接春天的到来,库肯霍夫亦因此被赞为"欧洲最美丽的春季花园"。

凡是亲眼看见过荷兰风车与郁金香的朋友们,都认为这里的乡村是一片用风车与郁金香点缀的大地。

度假便利帖

每年的4月到10月是荷兰旅游的旺季。3月末到5月中旬,是荷兰的花季,整个荷兰成为郁金香的海洋,风光怡人。荷兰天气变化多端,需留意天气,随身准备雨具。在饮食方面,以肉食为主,淀粉类食物多为土豆,传统的餐饮通常还会辅以青豆汤。

▼ 荷兰的特色工艺品木鞋,造型像小船,广受欢迎。

▼ 绵羊被散放在草坪上,它们是那般悠然自得。

这两座典雅的石雕，就像是迎接时间的到来，矗立千年。

Queenstown

皇后镇——新西兰的梦幻之地

她性格鲜明、秉性真挚；她忠于职守；她有美煞旁人的才气；她一手为工作忙碌，一手为家务操劳；她忠于丈夫更疼爱子女……她的名字象征着一个时代，她就是伟大的维多利亚女王。从"她时代"开始，英国的生活方式逐渐被各国人民追逐效仿，不仅因为这个尊贵的民族，更因为这位杰出的女王。

无论是一朵绚烂盛放的野花，还是一株安静生长的盆栽，只要生长在这片土地上，终究会成为旅人眼中最为娇艳的风景，它时刻为小镇的美而竭尽全力，甚至倾其一生。如果你从未迈出脚步，那么请把这里作为最后一站旅程，因为，与皇后镇相比，任何华丽的辞藻都会瞬间显得黯然失色。

这里是皇后镇，美丽的名字来自维多利亚女王，它在新西兰的瓦卡蒂波湖北岸，被南阿尔卑斯山脉亲切地环绕。无论是春天的碧波微荡还是夏天的蓝天艳阳，

无论是秋天的缤纷多彩还是冬天的白雪皑皑,这里,永远美丽得像一处梦中风景。壮丽的山脉上覆盖着白雪,从皇后镇到山顶,整个途中景致浪漫得让人心醉,浪漫得"一塌糊涂"。

这个风景秀丽的小山镇,虽然只有不到一万的人口,却每年平均接待一百五十多万的游客,人们热爱这个隐藏在山谷中的仙境,每每踏上这片土地,总是流连忘返。

在皇后镇,最热闹的街道便是莫尔大道。街道由湖岸一路延伸至山区,两旁林立各式商店与餐厅,人们优哉地在这里闲逛,为整个行程预热。与莫尔大道类似的还有坎普街和利斯街,都供游客徒步旅行。黄昏时分,晚霞将小镇周围的山峰染成金黄,在冥冥暮色中沿着瓦卡蒂波湖闲散地踱着步,或者停下来,在旁边充满浪漫气息的咖啡馆喝上一杯热拿铁,咖啡淡淡的香味伴随轻轻流淌的音乐,令人心情舒畅。

在皇后镇市区一路行走,满眼是高耸参天的白杨树。这里充满了异国情调,尤其街道上的人,似乎永远是活力充沛、整装待发的样子。的确,了解户外运动的人似乎都很清楚皇后镇的历史,这里是户外运动的起源地之一。而他们的目的也异常明确,那便是——向勇敢发起挑战!

印象中,鱼和熊掌总是不可兼得,然而在皇后镇,在浪漫温馨的视觉享受的同时更有着惊险刺激的感官刺激。若想了解在皇后镇正流行些什么活动的话，到修沙特佛街便能拨开云雾。整条街道上，随处可见激流泛舟、高空弹跳、滑雪活动等商店，各个商店门前都人头攒动，顾客往来如梭。

皇后镇是世界极限运动——蹦极的发祥地。在这里，不同高度、不同方式的高空弹跳供人们选择。35米、72米还是105米？在嶙峋的怪石之上，在幽幽的河谷之间，来吧，看谁才是真正的英雄！跃下的刹那，重力加速度为感官带来的巨大刺激，绝对会牢牢地烙在你的脑海里。如果选择夜间弹跳更是不得了，纵身一跃，投入黑漆峡谷的怀抱，加倍的刺激绝对会连你自己也难以相信。

▲ 皇后镇安静的宅第和花园。

除了蹦极，在皇后镇最热门的活动还有激流泛舟。在湍急的河川中泛着小舟顺水势冲下，沿途饱览难得一见的原始丛林，在湍流的转弯处溅起一身冰凉的水珠，感觉就好像在大自然的脉搏上起舞，惊险而刺激。

真的勇士，除了蹦极和激流泛舟，一定要尝试的还有喷射快艇。新西兰是喷射快艇的发源地，而皇后镇更是将这个活动项目发挥到了极致。乘上快艇，将身体与快艇融为一体，在空气的激流中疾速穿梭于陡峭的高山与嶙峋的峡谷，这种惊心动魄的感觉，想不吓出一身冷汗都难。然而，喷射快艇在皇后镇已经有超过二十多年的历史，如果是户外运动的爱好者，这种驾驭风向的超速快感着实让人体验到冒险的趣味。

雪上摩托车、热气球、滑雪、登山……这便是皇后镇的另一张面孔。坚毅且勇敢，一如女王般的优秀特质。

皇后镇是名副其实的旅游胜地，然而，它最初的闻名于世确是因为另一样东西——黄金。相传在1862年，有两个剪羊毛的人在沙特瓦河边掘到金子，一夜暴富。从此之后，淘金热在皇后镇掀起。

箭镇，与皇后镇比邻的一个镇子，因为留有

▲ 湖畔的花园

平整的绿茵与蔚蓝的天空相互映照。

中国人在新西兰淘金的遗迹——中国村，也成了人们来这里观光的必行之处。

箭镇隐藏在山坳的密林中，人迹罕至，幽静至极。在箭河的岸边可以看到几间破败的小木屋，有围栏围着，与不远处的豪华别墅对比，反差异常强烈。18世纪早期，华人来新西兰淘金时就住在这里——破烂的木屋与砖房，他们从不参加其他淘金者酗酒、赌博、嫖娼等活动，想把挣下的血汗钱带回国，时刻准备着"衣锦还乡、光宗耀祖"，然而这样的想法却被当地的统治者视为异类，遭到各种欺凌与迫害。新西兰华人社团因为此事与当地政府进行了长期的斗争与交涉，终于在20世纪初，克拉克当选总统后，新西兰政府向全体华人致歉。从此以后，这里成为著名的遗址景点，供人们参观纪念的同时，更诉说着一段洗雪屈辱的爱国史。

皇后镇就是这样的一个地方，如果你以为美貌是它的全部姿态，那就错了。这只是一个开始，随着对于皇后镇的逐渐了解和感知，你会发现，除了群山的环绕，天空的湛蓝以及那些清新得不大真实的空气，每一次深入，都会有一个更为绝妙的去处在等待着你，等待着被你发掘。

今生要与你相约的100个地方

普罗旺斯 —— 在薰衣草花田中舞蹈

Provence

象征着纯洁、清净、保护的紫色花朵,被赋予了"等待爱情"之意。香甜的气息,魂牵梦萦的情愫,一段又一段男孩女孩的故事,使得普罗旺斯成为众多情侣追逐的蜜月之地。

两年前,英国女星凯拉·奈特莉与男友詹姆斯·莱顿在当地的一处乡村大厅举行了低调而温馨的婚礼。美好的时刻,女主角热泪盈眶,为痴缠的爱情,为心愿的达成,也为未来的幸福。

自古罗马时代起,阿维尼翁便是一处繁华的所在。13世纪末期,罗马动荡不安,局势的状况对教皇很不利。到1309年,教皇克雷芒五世接受法王腓力四世的好意,从罗马迁居到阿维尼翁。从此,小城阿维尼翁地位骤升。随后,此地相继

▼ 如今的阿维尼翁,依然留存着深厚的宗教色彩,保留着浓郁的罗马风情。

▲ 小镇人在茂盛艳丽的花田旁边，用画笔和水彩，绘画着他眼中所看到的色彩。

产生过6位教皇，成为名副其实的"教皇之都"，也成为基督徒们心中的圣地。

保存完好的古旧城墙、城垛、城门令人赞叹，而墙外盛放的鲜花，一派生机勃勃的景象，恰到好处地稀释了历史的沉重氛围。走入其中，仿佛有一种去到另一时空的感觉，内心充满期盼与憧憬。

靠近北门的位置，是著名的教皇宫、圣母院大教堂及城外不远处罗讷河上的断桥——圣贝内泽桥。寻一个恰当的位置，远远地凝望断桥，想象一下它曾经的风貌。断桥本来拥有22个拱桥，饱受洪水侵袭之后，只剩下4个拱桥。虽然残破不堪，它却仍然在漫长的历史中被保存下来，显现出独特的美感。

顺着老城中的石子小路，步行至不远处的广场。广场左侧是圣母院大教堂，右侧是著名景点教皇宫。两处富有历史内涵的建筑都保留得比较完整，但也难掩它们曾被破坏的痕迹。斑驳的墙面，令人唏嘘。唯有柔美、端庄的圣母雕像能带来一丝圣洁的暖意。建筑内部没有太多值得窥探的地方，特别是教皇宫，因为在19世纪大革命时期几乎被洗劫一空，现如今就只剩一个空壳而已。如若感兴趣，可以登上建筑的平台，欣赏全城的风景。

市政厅的建筑是19世纪的产物，气派但谈不上雄伟，以法国国旗为标志，倒也醒目。门口没有守卫，人们可以自由进出，完全不会受到任何阻拦。但好像只有游人才会在好奇心的驱使下，进去大厅"偷窥"一番。有时，广场上会有一些民众自发的聚会，很另类、很疯狂，让人摸不着头脑。而你只需要在一旁静静地看着，被那种狂欢的气氛感染着。欢乐是生活的主题之一，这是永远都不能被忘记的。

即使没有聚会，广场也从不寂寞。许多街头艺人带来的独具特色的表演——杂耍、音乐、行为艺术等，也让这里热闹非凡。他们通常装扮得很整齐，也很体面，并不会给人落魄的感觉。走累了，欣赏

度假便利帖

最佳旅游时间： 6～8月

风情体验： 永远不会忘记，奔向普罗旺斯的那个夏天。火热的阳光，紫色的花海，还有那独特的沁人心脾的香气。

硕大的薰衣草花田

一段表演，留下热忱的鼓励和力所能及的资助，也算不枉此行。

如果恰逢7月至8月的戏剧节，广场周围会比其他时间更加热闹。各种类型的海报布满街头巷尾，琳琅满目。电线杆上、墙壁上，到处都在宣传戏剧节要上演的剧目，游人可以根据自己的喜好选择到剧场观看。倘若来去匆匆，时间并不充足的话，就要看是否能有缘遇到喜欢的"街头演出"了。

一些艺术团体、戏剧爱好者、戏剧院校的学生会自发地进行"街头演出"。无须买票，走过路过的都可以停下脚步观看。表演的类型也五花八门，并不拘泥于传统的戏剧。作为围观者，还有可能被拉进简陋的舞台，充当临时演员或者道具。

艺术无国界，一时兴起，与爱人共同演出一幕"浓情时刻"，或者只是自由地翩翩起舞，只要自己喜欢，只要感觉舒服，无所顾忌。因为畅快享乐，才是旅行的真谛。

在贝隆山脉和阿尔卑斯山脉交会的地方，有一片海拔590米的高原，人口不足2000人的小镇瓦朗索勒就坐落在此。这里拥有整个普罗旺斯地区最大的薰衣草花田，是为薰衣草而来的人不容错过之地。

瓦朗索勒几乎没有公共交通，需从阿维尼翁自驾或者寻找当地的旅行团提供服务。化好精致的妆容，带上单反相机、太阳镜、飘逸的长裙、婚纱和礼服，还可以在阿维尼翁街头花费大约10欧元的价格，买一个泡泡枪，因为它会是你很好的拍摄道具之一。

公路上，见到写有"VALFNSOLE"字样时，大片大片的薰衣草花田便近在眼前，一垅一垅，整齐地延伸到天边。空气中布满沁人心脾的香气，整个人都是清透、畅快的。薰衣草会根据阳光强弱的不同，呈现出浅紫、深紫的不同色彩。选择自己喜欢的一片，果断地跳进去，在一望无际的薰衣草间跳跃、奔跑，

▲生长在薰衣草两旁的雏菊，盛开时也格外迷人。黄色与紫色相间的梦幻，仿佛是童话般的世界。

▲普罗旺斯地区的古罗马建筑

▲ 普罗旺斯地区特有的小镇

摆出各种自由、洒脱、俏皮、可爱、妩媚、娇柔、帅气的姿势，在各种角度的快门声频繁作响时，记录下这些难得的瞬间。

有其他人同行，是更为理想的状态。两个人可以更换不同的衣服，来一场旅行中的"婚拍秀"。用泡泡枪制作一个充满浪漫与梦幻的场景，那种犹如童话般的感觉，是我们梦寐以求的。这种自然而然的亲密与欢乐，是最真情的流露，无法复制，也无法模仿。

逗留花田期间，我们可以稍微留意一下周围辛勤劳作的蜜蜂——它们是薰衣草花蜜的制作者，性格温和，丝毫没有伤人的意图，所以不要害怕，和谐共存才是人与自然和其他生物的相处之道。

每年7月的第三个周日，是当地著名的薰衣草节。小镇上热情好客的居民们会组织传统的游行表演，会在盛大的薰衣草集市中售卖最纯粹、最天然的薰衣草制品，花茶、精油、蜂蜜、小枕头、冰激凌及普罗旺斯特色的小器具等，应有尽有。虽然各地商店都很容易找到薰衣草制品，但瓦朗索勒仍然保持着最传统和天然的加工方法，价格也十分公道，所以是难得的佳品。拍摄结束之后的大采购，自然会带来好心情。

▲ 如果夜再深些，这条小街就是海德堡的一个梦。

✈ Heidelberg

海德堡——安静甜蜜的童话镇

海德堡坐落在奥登林山边缘，山环水绕，景色奇美，安静闲适。中世纪的古堡隐现于绿丛之中，内卡河穿城而过，老桥横卧河面，古老的石板在夕阳下闪烁朴素的光芒……

在许多德国人心目中，海德堡是浪漫德国的缩影，她有太多理由值得被人宠爱。她有一种神秘的力量，能够偷走来这里的人的心。在她建立后的八百多年间，有许多诗人和艺术家来到这里，并真正地把心留在了这里。

在海德堡的上空，至今仿佛还飘荡着诗人克莱门斯·布伦塔诺和阿奇姆·封·阿尔尼姆的影子。他们

▼ 坐在海德堡的小庭院里，读报、聊天、喝咖啡，非常惬意。

那些浪漫的诗句，给落日余晖中的城堡，镀上了一层甜蜜的玫瑰色，闪闪地散发着光芒。诗人约翰·沃尔也曾来这里，当他在这个小城里徘徊时，不由得低低吟唱"我把心遗失在了海德堡"。

来过海德堡的人，大多都把心里最美好的部分留给了她。在这样一个安静、甜蜜、透着淡淡玫瑰色的地方，人们很容易产生淡淡的甜蜜感。来到这里的人，好像每个人都会变成诗人，创作的灵感就像内卡河中的流水，汩汩而淌，从而使这座小城成为那个时代浪漫主义的神殿。

海德堡就是这样一座城市，具有无法言喻的神秘力量。每个曾经到过这里的人，都能随口答出几个喜欢她的原因，但是好像又都说得不完全：她拥有德国最古老的大学和大学图书馆；她拥有欧洲最优美、最著名的宫殿之一的遗址，在欧洲甚至与凡尔赛宫齐名；它拥有最为安静、美丽、优雅的自然风景，让历史上无数大诗人都曾为她深深折服过——舍菲尔、布伦塔诺、阿宁、荷尔德林、埃申多夫、让·保尔。

一个人漫步在内卡河畔，走了很远，但不觉得孤单。因为你身在海德堡，这里安静闲适，有静静的内卡河，河上的老桥在夕阳下闪闪发光，山岗翠绿，街道小巧幽静，山丘上的古堡沉着地俯瞰着这个美艳绝伦的城市已经有几百年了……海德堡能触动每个初来此地的、善感的、多情的人心中最温柔的那部分，使他们对海得堡一见钟情，仿佛寻找这个城市已经很久了，仿佛内心与海德堡似曾相识……然而，深入其中，你会觉得她比想象中的更好。漫游在哲学家步道上，不但能以绝佳的角度隔岸眺望城堡，而且林荫间的幽静令人产生一种成了哲人的错觉！

在城墙边的角落里，你可以一坐几小时却浑然不知。在高高的山上，你可以和古城堡一起，俯瞰山脉环拥中的海德堡市，一栋栋白墙红瓦的房屋点缀在绿丛之中，古老的河流静静穿城而过，夕阳映照，如诗如画，此时的你没有别的想法，只简单地希望太阳不要这么快地落到山那边去……

海得堡就这样深刻地矗立在人的心里，带着淡淡的伤感、莫名的悸动和微微的怅然。

▼内卡河畔的城镇

Chapter 2 ● 在这万般柔情的大地上，诗意地栖居

>> Look | 69

▲ 多瑙河沿岸的布达佩斯

Budapest

布达佩斯——倾听安静与祥和的乐章

伴随着动听悦耳的圆舞曲《蓝色多瑙河》，记起在那部音乐传记《翠堤春晓》中，施特劳斯追到码头，目送着卡拉·唐娜的样子。在那一刻，明月从山间升起，熠熠生辉地映照着纯净的多瑙河，从那只小小的船上，隐约飘来了女高音的歌声："当我们年轻时……"

传说，在遥远的中世纪，英俊勇敢的骑士爱上了一位温柔如水的女孩。某天夜里，他们趁着皎洁的月光，手挽着手，一起去多瑙河畔漫步。忽然，女孩在一处水流湍急的地方发现了一朵十分美丽的淡蓝色花朵。

任性的女孩对骑士说："你看，那朵花好美，我想要。"

虽然明知很危险，骑士仍然毫不犹豫地跳入河水，寻找那朵花。满足爱人的愿望是一种幸福，他又怎能拒绝这幸福呢！可惜天有不测风云，当他终将花朵递给恋人的时候，河水突然泛起阵阵波涛汹涌的浪花，一下子将他卷入河中。在生命停留的最后一刻，他大声地喊出了自己留在世间的最后一句话："请不要忘记我！"

看着消失无踪的骑士，女子痛哭失声，追悔莫及。

这是花朵"勿忘我"的由来，也是一段凄美的爱情传说。

多瑙河从来都是恋人的天堂，静静流淌着的河水略带几分忧郁的气质，与周围的城市共同谱写着一个又一个故事，《布达佩斯之恋》便是其中之一。一段不正常的三角恋情，一首《忧郁的星期天》，仿佛拥有魔力，令人过目难忘。女主角伊莲娜深邃的目光、美艳的外表、迷人的气质，几乎包含了世人对布达佩斯的所有想象。

轻轻地挽着恋人的手臂，静静地立在这优雅的河畔，眺望着永不停歇又深邃神秘的河水，眼前不由得浮现出一幕幕熟悉的场景。游览布达佩斯，不妨暂时摆脱市中心的喧嚣，从多瑙河开始。

乘上一只小船，沿着多瑙河行驶，会路过埃斯泰尔戈姆、维谢格拉德，还有离布达佩斯最近的圣安德烈这三个著名的小镇。这一段河岸的风光，大概是整个匈牙利国土上最美的一段了，而三个小镇也各具特色。

埃斯泰尔戈姆小镇被誉为匈牙利的宗教发源地，洋溢着庄严浓厚的宗教氛围。坐落在小镇上的埃斯泰尔戈姆大教堂是匈牙利境内的第一大教堂。自古以来，皇室贵族都会在这里举行隆重的典礼或仪式。整个教堂端庄典雅，富丽堂皇，让人为之震撼。教堂的后面，是俯瞰多瑙河的绝佳地点。这条河段，流淌得不急不慢、高贵优雅。当清风拂过时，河面波光粼粼，熠熠生辉，与皇家钟爱的教堂融为一体，处处都彰显着高贵的气质。

与埃斯泰尔戈姆相似，远处的维谢格拉德镇同样被皇室的典雅与高贵浸

埃斯泰尔戈姆大教堂内景

染。它拥有17世纪的古老城堡。虽然历经了历史的严峻考验，依然不屈不挠，傲然耸立于漫漫云端，在阳光下散发着多彩光芒。那清秀而又巍峨的堡垒，那古色古香的城墙，似乎都在低声诉说着曾经的威武风光。

　　至于圣安德烈镇，就显得比较安静，也比较亲民了。它的特色在于那种根植于传统的、浓厚的浪漫气息。踏上圣安德烈的土地，行走在蜿蜒的鹅卵石小街上，穿梭在一条条静谧端庄的小巷里，各式教堂、工艺品店、画廊、作坊、博物馆、酒吧、咖啡厅鳞次栉比，令人目不暇接。

❶ 蓝色的多瑙河
❷ 布达佩斯英雄广场
❸ 布达佩斯的梦幻渔人堡

如果还嫌不够尽兴，还可以在布达佩斯的多瑙河畔，再次登上一艘心仪的游船，无须刻意选择目的地，也无须忌惮时间，只拥着今生最珍贵的爱人，随意地驶向任何一个地方，静静地感受着彼此最近距离的心跳。

布达佩斯拥有深厚的历史与文化底蕴。随意走一走，去到哪里都是风景。

钟爱艺术的人，可以在种类繁多的博物馆中找到乐趣。比如，邮票博物馆中收藏着珍贵的文物古董和全世界最丰富的邮票；议会大厦对面的社会民俗博物馆中，欣赏天花板上巧夺天工的壁画；城市公园和英雄广场附近的美术博物馆、艺术宫殿以及农业博物馆，也是各具特色。它们仿佛穿越时光，沐浴了信仰，拥有着最强大而又最温和的生命，在那里静静地向你微笑。

英雄广场也是不错的去处，那里是为纪念匈牙利民族定居欧洲1000年建造的，融合了多种元素。广场两旁，各有两面相互对称的弧形石柱壁，每一个石柱壁之间，陈列着7尊英雄塑像。石壁上方，是两组勇士驾驭战车的塑像，代表着力量和勇气。广场中心，天使加百利站立在高达36米的千年纪念碑顶部，左手持十字架，右手持皇冠。整个建筑群壮丽宏伟，象征着几经战争浩劫的匈牙利人民对历史英雄的怀念。

接下来，走上连接布达与佩斯的链子桥。多年来，这里始终是布达佩斯的象征。没有它便没有布达与佩斯"最初的牵手"，没有走上链子桥，就没有真正感受到布达佩斯的灵魂。链子桥的两端各有一对狮子雕塑，牵着爱人的手，从一边走到另一边，像是完成某种仪式。短短5分钟，就像过了漫长的一生。

然后，从垂直缆车登上渔人堡是必须要做的事情了。两层的白色建筑，融合了新哥特、新罗马式和当地特色三重风格，带着鲜明的童话色彩。这里可以俯瞰多瑙河及整个佩斯城，是当地人休闲的好去处，也是情侣们谈情说爱的热门地点。据说，匈牙利曾经做过一个有趣的统计，结果显示年轻人在此地的初吻比例极高。或许是因为触景生情的缘故吧。

重回布达时，可以去城市公园转

>> Look | 73

转。公园中央有一座非常漂亮的城堡，高高的白色尖顶与天空的颜色融为一体，威严却没有拒人千里的冰冷。城堡的对面是个小教堂，教堂外面矗立着一个无名雕像。据说这个人曾经写过匈牙利早期的国史，所以直到今天，还有许多文人墨客来到这个雕像前，只为摸一下他的笔，以求得到写作上的灵感。

▲ 布达佩斯著名的盖雷特温泉浴场

随心所欲的行走带来惊喜，也带来简单的快乐。感到疲惫时，去享受一下当地有名的温泉吧。匈牙利可是欧洲的第二大温泉国呢。

据说，布达佩斯每天有300万升温泉水，流向超过40个温泉浴场。可见，温泉浴场在当地占据着多么重要的地位。

站在自由桥的布达一侧，可以看到半山腰上有一片红顶的建筑，这便是当地有名的盖雷特温泉浴场。它是布达佩斯最美的温泉浴场，也是世界第五大最美浴场。这里不仅有舒适的温泉水，还有养眼的建筑与装饰。从里到外，从地板到窗户，都充满着华丽的新艺术风格，使人有一种在博物馆里浸浴的错觉。

坐落在佩斯的城市公园里的赛切尼温泉浴场是最热闹的，也是布达佩斯最大的浴场，已经存在了一百多年，是名副其实的"老店"。凭借巴洛克时期的宫殿建筑，贵族气十足的浴场吸引了众多游客。无论何时，都是人满为患的样子。这里不仅售卖洗浴的门票，还售卖"参观票"。看来浴场本身的建筑也可以作为景观，又或者那些"看客们"只是为了一睹俊男美女们的好身材？具体原因不得而知了。幸运的话，还可以在这里遇到边泡温泉边下棋的老爷子，真是大开眼界。

每周末，布达佩斯还会举行浴场派对。这种几近半裸的狂欢，绝对是年轻人的挚爱。如此独特的夜生活，足以令人整晚都精神振奋。

在热烈的跳动中，结束布达佩斯之旅。光影间的妩媚姿态，是最难忘的青春印记，也是蜜月之行中最热烈的释放。

▲ 美丽的威尼斯大运河

Venice

威尼斯——河流与古堡的完美交融

当马路被水道代替，船儿成了最主要的交通工具，出行也因此变得悠闲、浪漫起来。因为这份别致，让威尼斯成为情侣们眼中的宠儿，美国著名影星乔治·克鲁尼与爱妻艾莫·阿拉慕丁、国内明星贾樟柯与赵涛都在此举办盛大婚礼，来此度蜜月的人更是不计其数。

在世界上唯一一个没有车的城市里，船成了唯一的代步工具。曾经，马克·吐温用他的文字描述了《威尼斯的小艇》："威尼斯的小艇有二三十英尺长，又窄又深，有点像独木舟。船头和船艄向上翘起，像挂在天边的新月。行动轻快灵活，仿佛田沟里的水蛇。"这样的小艇在当地又称为"贡多拉"，是威尼斯当地独有的尖舟，相较于其他水上交通工具，贡多拉的价位偏高，45分钟要花费80～120欧元，但优点在于可以告别游人的喧嚣，情侣耳语倾情地饱览威尼斯的风光。

乘舟顺着大运河前行，两岸欧式建筑缓缓地从身旁滑过。这条大运河总长约

▶ 美丽而神圣的圣马可广场和大教堂

3千米,成反"S"形状,是天然的水道。大运河两岸汇聚了威尼斯远近闻名的建筑精华,旅馆、教堂、宫殿、艺术馆等鳞次栉比,有罗马式的,有哥特式的,也有文艺复兴时期的。遇到喜欢的建筑,便可以下船观赏,或者顺着分支水道,乘舟进入建筑群里去细细品味。

由大运河自北向南来看,第一个不可不去的著名景点便是里亚托桥。里亚托桥始建于13世纪,是大运河上第一座桥。由于当时桥身是木质的,承受能力有限,在一次节日庆典中坍塌,后来用石头改建,于是形成了今天我们看到的石桥。下船踏上里亚托桥,在桥上及其附近布满大大小小的店铺、地摊,自古以来,此地就是威尼斯的一个交易集中地,莎士比亚的《威尼斯商人》亦是由此而来。值得一提的是,里亚托桥是一个摄影的好地方,以桥为背景,或者站在桥中央拍摄大运河,都是不错的选择。

顺行而下,其间路过的大大小小展览馆,有兴趣随时可以下船游览。重点的观光地在反"S"的底部——圣马可区。乘舟来到圣马可广场,不要急着下船,水上之旅的意义尚未完全完成。沿着圣马可广场漂流,你可以遥看包围着圣马可广场的建筑——大教堂、总督府、威尼斯监狱。就在总督府与威尼斯监狱的中间有一座桥,这座桥便是水上之行的最终意义——叹息桥下的誓言。

叹息桥之名源于囚徒死前的叹息,1603年修建完成,是一座连接总督府与威尼斯监狱的石桥。叹息桥的风格属于巴洛克式的封闭式石桥,在古代,威尼斯的死囚们被押送时必定会经过此地。那么,究竟为何,乘坐贡多拉的情侣们都要经过叹息桥,并在桥下相拥而吻呢?只因威尼斯的一

个古老传说,改变了叹息桥的孤独与冰冷。相传在叹息桥下接吻的情侣,可以获得永恒的爱情,著名影片《情定落日桥》也取情取景于此。

下船步行在圣马可广场,拿破仑将其称作"世界上最美丽的客厅"。圣马可广场是威尼斯的公共活动中心,无论是政治、宗教还是传统节日。其四周建筑多为文艺复兴时期的杰作,还散落着各种店铺,是休闲、娱乐的最佳场所。

广场东面是圣马可大教堂,在中世纪时期,该教堂是欧洲最大的教堂,为纪念耶稣十二圣徒及战利品而建。大教堂经过多次翻修,成了一座融合多种风格的建筑。建筑总体呈现十字形,房屋顶端有5个半圆形屋顶,内部的黄金圣坛和马赛克立面是大教堂著名的亮点。由于在阳光的照射下,大教堂会散发出金色的光芒,因而得名"金色大教堂"。

威尼斯本岛上的经典景观还有很多,例如总督府、安康圣母教堂、研究院美术馆等,如果时间充足,还可以到凤凰歌剧院里面去看一场演出。一场时间充足的漫游,可以带来更多的体验与品味。

❶ 大运河上的第一座桥里亚托桥　❷ 海鸟漫步的威尼斯潟湖　❸ 威尼斯的特色面具

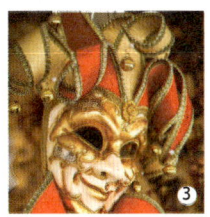

▲ 佩纳宫是葡萄牙国王离宫，它耀眼、奇特的身姿看上去像一座城堡。

Sintra

辛特拉镇——唯美主义者的避难所

手持拜伦的诗集，带着简单的行李。世界之大，总会有一些地方，让唯美主义者停靠。

在葡萄牙，没有人不知道辛特拉镇。它曾是摩尔贵族与葡萄牙王室的夏宫所在地，之后又成了云集欧洲浪漫主义建筑的特别场所，在19世纪以后，几乎无人不知、无人不晓。辛特拉王宫的高贵典雅、佩纳王宫的一反常态、罗卡角的缠绵

▲这样隆重装饰的建筑即便没有故事,人们也愿意想象它背后的故事。

▲从东方开始,跨越半个地球,我们可以避开尘世的喧哗,来到辛特拉,来到世界的尽头。

悠远……小镇的一切,似乎都在营造一种氛围,而这种氛围,为世上所有的唯美主义者提供了一个特别的"避难所",它瑰丽、富饶、隐蔽且充满魅力。

辛特拉王宫的中心部分由14世纪的约翰一世正式建立,直到16世纪才正式完工。步入辛特拉王宫,为那种唯美的气息所深深折服。穿过御膳房,经过一间小寝室,一座精致而优雅的小教堂呈现在眼前。它有着漂亮的木质顶棚,顶棚上装饰着各式花纹以及姿态万千的鸽子图案。穿过华丽的徽章殿,目光就此停留在喜鹊殿,殿内壁画中的喜鹊,简直比宫廷的贵妇还要多。相传,约翰一世曾经抱着一只喜鹊,喜鹊嘴里叼着徽章。王后问他喜鹊的意义,约翰一世认真地回答:为了幸福。有幸福就有荣誉。最后一座殿堂是国王殿,在殿堂的顶棚,精致地画着天鹅脖子上倒挂着的花冠。

距离辛特拉不到3千米的地方,一座庞然大物高傲地矗立——佩纳王宫。它建造于19世纪,是葡萄牙女王玛丽雅二世的丈夫费迪南德的全部心血。远远望去,它显得异常耀眼,哥特式、文艺复兴式、摩尔式、曼努埃尔式建筑风格兼具其中,使其成为一个倨傲而异类的大花园。王宫与一条长长的尖顶拱廊隧道紧密相连,穿越隧道便可以到达佩纳王宫的内部餐厅。有人说,这种一反常态的建筑风格便是辛特拉风格,无数文人墨客曾穿越这里,留下万千感慨。

罗卡角位于欧洲大陆的最西端,在这里,你能看到天的尽头。天空很蓝,纯净通透;海水很清,澄澈如镜。沐浴着灿烂的阳光,涤荡着清新的海风,面前,就是罗卡角。罗卡角是辛特拉山脉延伸至大西洋岸边的一块坡地,靠海那一侧有一座用岩石垒起、高约十米的柱子。柱子上面立着十字架,它时刻保佑着远行航海者的平安;柱子下侧则镶嵌着洁白的大理石,碑身雕刻着葡萄牙诗人卡蒙斯的诗句:陆止于此,海始于斯。

>> Look | 79

Chapter 3

相逢在水清沙白的**人间天堂**

今生要与你相约的100个地方

Sanya

▲ 夜晚的三亚码头

三亚 ——一个人的春暖花开

红尘颠簸，遇见、相遇、分手，意料之中又意料之外的结局。无法割舍的那些美好啊，在心里来来去去。三亚，在它那低调的光与影里翘首以待……

三亚，一个可以向世界出口阳光和空气的城市，让人奋不顾身的心动铺天盖地。阳光、蓝天、大海、沙滩，这些大自然赐予三亚的，三亚会以它的方式完完整整回馈于你，这是一种心照不宣的浪漫与温情，只有你能体会。所以，你适时地来了。

在三亚，椰林之间，许多酒店掩映其中。从一个酒店穿行到另一个酒店，体会不同酒店的建筑风情，游泳池、长廊、阳台、沙滩、躺椅，也没人会突然打扰思绪。静静地凝神，用镜头，用心灵。走到不同的出口，是不同的风景，留给人无限的悬念。伫立在窗口，望出去，天与地都安静下来。想起小时候放学回家，经过那些楼房，想着那每个窗口里都有一家人在快乐地生活。停停走走，走走想

❶ 度假酒店的室外泳池
❷ 南山海上观音
❸ 岸边的渔船

想，一个人，也有一个人的浪漫，谁说不是呢？

在这里，随处可见立在路边的邮筒，穿着绿色的外衣。这端寄出一份光阴，那端收取一份沉淀。给自己寄一封信吧，写上区号、地址和熟悉的名字，以海风为笺，椰林为戳，在信纸里告诉都市里的你一切安好，大海很美，有新鲜的热带水果，吃到了品种繁多又便宜的海鲜，交了新朋友，大家都很嗨，很开心。时间在路上，风景在路上，穿越人海，在时间的罅隙里终于能找到自己，呼吸平和，笑容温柔。

其实，你是不孤独的，你看，三亚的阳光会晒干你的眼泪，你站在它的怀里，它一下子就读懂了你的落寞黯然，它看穿了你的心事，用轻柔的海浪抚摸你的肌肤，目光关切，像一朵花宁静地绽放，毫无保留。你聆听着它的软语，放空那曾经多么拥挤实则荒凉的心扉，然后让三亚温润的风吹进来，让三亚清晨与傍晚天边的辉光照进来，让人群里此起彼伏的欢笑飘进来，让家人的叮咛进来，让妖娆蓬勃的理想进来。

蜈支洲岛，有点奇怪的叫法，却是缘于小岛形状酷似一种爬行动物而得名。这个爬行动物若是知道因为自己带给人类身心的美妙，许是有无上的自豪吧。常常，快乐不是一个静态的概念，它从来都有明亮的色彩，恰如丑陋的爬行动物所能给予的那些种种。人们追逐快乐而来，又把快乐传播给这个星球的每一个角落，多么美的感觉。小岛满是清净、怀念、憧憬的气息，心像掉在一片晶莹剔透的绿里，做着一个春天的梦，就这么醉去。

坐在离海最近的地方，什么都可以想，也什么都可以不想，深呼吸，张开手指向上，身体向后拉伸，45度仰望天空，海风撩起衣衫，眼眸之上，是一汪纯净的蓝，这蓝倾泻而下，海天一色，世界瞬时浓缩成了一点，间隙处，那些世事繁华悄然后退，还原成一种生命本真的纯粹，亦近亦远，不离不弃，俗世本是这么纤尘不染的，不是吗？世事浮躁渐渐远离，消失在天际，隐没在这蓝色里。"我的心跳／却在奔跑／跟随

你到天涯海角……"你看到的我是蓝色的,李霄云纯净的嗓音在耳畔浮动。你看到的我是蓝色的,眼泪已是三亚无尽蓝色的一滴,因为我已经在天涯海角,离去的他(她)变得不再有任何意义,所谓的往事已淡,那都是经历,从今往后,心甘情愿地臣服于内心,这个安宁的宇宙,爱惜善待,不再有伤。

三亚是纯色的梦幻,纯是天籁的色彩,是内心深处的悸动。它告诉你,阳光可以带走,大海可以带走,沙滩可以带走,它拥有的你都可以带走,装在心里,带在身边。那是三亚送给你的春暖花开,是你一个人的春暖花开。它理解你会远去,却很安心,它确信你已收到它许诺过的那份幸福。

赤足走在海边,沙滩细白柔软,沿着海岸线一路蜿蜒,浅海处的珊瑚礁一览无余。站在观日岩上,平视前方,对着大海呼喊,大声一点,哪怕喊的只是自己的名字。在你茫然找不到前方的路时,就喊自己的名字吧,远远地答应一声就好。

走过了情人桥,望到了鹿回头,觅到了天之涯、海之角,海的尽头、天的尽头。一一寻访,在南山寺里涤荡了心

怀,还有什么愁绪敢在心上游弋不去?

很多没有去过三亚的人,在地图上一定有圈选的痕迹,在心里一定有这样那样动人的勾画;去过三亚的,在离开时,心里有个声音一定在说,三亚,我要你给的24K幸福。

"面朝大海,春暖花开。"你听见了吗?

◀ **三亚游客休息区**
躺在沙滩椅上沐浴阳光,让人身心放松。

▼ 细腻的沙滩带给人金色的浪漫。　　▼ 骑摩托艇是三亚常见的水上娱乐项目。

\>\> Look | 85

鼓浪屿 Kulangsu
——在碧水金沙中忘记时间

鼓浪屿是一个很小很小的岛。这里的一切都是缓慢的，宁静的，怀旧的，美丽的。

在鼓浪屿，随便地走在幽静而寂寥的小巷里，探访那些风格各异的老式别墅和教堂，安静地挥霍时间，一个人，也能走出不同的路线，看见不同的风景。

风是轻柔而凉爽的，空气干净而清新，充满了大海的味道，鲜艳热烈的花朵，开在门前廊下，散落在小巷中，时不时能看见慵懒的猫趴在窗台或围墙上，半眯着眼眸，打量着路人。

庭院深深几许。这里的每一栋老房子，都有着自己的故事。这些建筑，有的已经被岁月风雨洗刷得残破不堪，透过斑驳剥落的大门，长长的檐廊下，铺满灰尘和落叶，围墙上，藤蔓纠结错落，开得热烈的野花，却掩不住人去楼空的落寞。蛛

▼菽庄花园
菽庄花园利用天然地形巧妙布局，全园分为藏海园和补山园两大部分，各景错落有序。

▲ 海上观光船

丝儿结满雕梁，却仿佛还能透过时间看到往昔的歌舞场，讲述着往昔的荣耀与辉煌。

有的建筑里却还能听到悠扬的钢琴声，外墙上爬满了碧绿的爬山虎，阳光透过老树，懒洋洋的猫趴在庭前，盯着屋顶上晒着的鱼干，娇嫩鲜艳的花草在庭院里开得如火如荼，散发出生活的气息。

小贩们灰扑扑的箩筐里，盛着鲜艳多汁的枇杷、龙眼、木瓜、阳桃、莲雾等水果，倘若是嫌麻烦，还可以找到卖新鲜果汁的老店，看着面带羞涩的小伙计把水果变成甘甜的果汁。

在岛上漫步，看着一朵花完成它的开落，然后把所有的伤痕，都留在大海的泡沫里，我只愿面朝大海，春暖花开。

度假便利帖

地理特写：坐落于厦门岛西南隅，与厦门隔海遥望。

适合人群：文艺青年；身心疲惫，渴望自我之人。

漫游路线：菽庄花园、日光岩、皓月园、海天堂、风琴博物馆、环岛小路。

漫游路线：鼓浪屿适合自助游，岛上酒店很少并且昂贵，提前预订特色客栈或家庭旅馆是不错的选择。

>> Look

▲ 巴哈马的蓝刺宫岛

　　Bahamas

巴哈马群岛——粉色梦幻般的柔情

　　巴哈马群岛始终以友好的姿态，迎接着来自世界各地的情侣。2008年4月，"乐坛天后"玛利亚·凯莉就曾选择在这里正式与舞蹈演员男友尼克·卡农结为夫妻，婚礼低调奢华，令人羡慕。一时间，岛上弥漫着甜蜜的气息。世界各地的情侣纷纷慕名来此，享受着巴哈马群岛独有的明媚阳光、清新空气、清澈海水、热情民众和永远的粉色沙滩。

　　靠近美国佛罗里达州的新普罗维登斯岛是巴哈马联邦的首都拿骚的所在岛，尽管并非巴哈马面积最大的岛屿，但它的综合条件优越，开发时间较早，已成为巴哈马群岛游乐度假的必经之地。

　　大约每隔50分钟，就有一趟自美国迈阿密飞往拿骚的航班，航行时间只需要半小时。聊一聊未来几天的旅行安排，或者将目光投向窗外，欣赏一番碧海蓝天的美景，转眼间便已置身幻境。

倘若行程宽松，又可以选择一种懒人模式——在迈阿密乘坐邮轮。前一天中午登船，第二天一早就能到达。虽然过程略显漫长，但游轮中的奢华、慵懒、惬意也拥有十足的诱惑力。丰富的美食与花样繁多的玩乐，绝不只是在电影中才能欣赏到的场景。挽着心爱的人，恣意任性一回，才不虚此行。

登陆拿骚，扑面而来的是亚热带的气息。富有历史感的街道、建筑、遗迹，处处彰显着英伦印记。

市中心最著名的港湾街，两旁分立着古旧的浅色建筑和造型奇特的公寓、办公楼、店铺，还有数不清的历史遗迹和古老的教堂与城堡。游览马车是适宜的交通工具，免去步行的辛苦，又可以以恰到好处的速度走遍整个街道。

"嘿，你们好！"在心里默默地与五颜六色的建筑们打个招呼，它们布满城市的大街小巷，红色、黄色、蓝色、绿色、紫色、粉红色，像孩童般天真烂漫，带来清新活泼的氛围。偶遇热心又老道的车夫，会兴致勃勃地讲述当地的逸闻趣事。快乐如此简单，无须刻意制造。

与街景相比，海景同样不容错过。玻璃平底船的观光是必选项目。沿岸坐落着各色豪华别墅，导游以慵懒的英文讲述它们的所有者显赫的背景与名声，不禁令人咂舌。略略调侃几句，还是关注玻璃船底之下的生灵，来得更实际一些。船舱里挂着各种鱼的图片和名称，参观者可以自行对比。就像一堂生动有趣的海洋生物课，两人不妨来一场竞赛，看看谁能认识更多的鱼。如果事先准备了浮潜眼镜和呼吸管，还可以选择浮潜。在暖和的水中，尽情享受与海底生物亲密接触的乐趣。

Come on, honey！Let's go！

与拿骚一桥之隔的天堂岛，是世界各地富豪们的乐土。失落的"亚特兰蒂斯"在此重建，宛若当年那般气势恢宏。曾经那些深埋在蓝色海洋里，鲜为人知的故事，被重新挖掘和呈现出来，仍旧震撼人心。

即使无法承担昂贵的住宿费用，也可以去亚特兰蒂斯酒店感受历史的辉煌与深重。酒店参照古国的历史、地理与社会环境而建，橙黄色的建筑表面，装饰着各类海洋生物，远远望去，像极了传说中的波塞冬神殿。内部装饰得金碧辉煌，极尽奢华，布满华丽的石雕花纹和壁画。酒店共有2300间客房，价格不菲。普通游客若无意体验住宿，可以选择畅游知名的水族馆。

有那么一瞬间，会浮想联翩。透过巨大水族箱的落地玻璃，深入水底的古老文明遗迹，与来来去去自由追逐的鱼儿，形成一幅充满神秘色彩的画面。仿佛伸出手，就可以触摸到远古时代的传说，感受到神的力量。

结束水族馆的穿越之旅，可以在水上乐园里玩个够。释放脑子里纷繁复杂的思绪，变身简单快乐的"小朋友"。漂流、甬道、滑梯、游泳池，还有著名的鲨鱼池，应有尽有。调动起全身的水上运动细胞，勇敢地嗨起来吧！

自拿骚乘船大约三小时就可以到达哈勃岛。"欢迎来到哈勃岛"的英文标示牌，共有4种颜色，明亮而清晰地迎接着每一位登岛的游客。

洁净的街道两旁，一栋栋木质结构的彩色房子隐匿在花丛和树丛中，可爱至极。游客可以租一辆高尔夫车，环游整个小岛，也可以漫无目的地行走，品尝寻觅粉色沙滩的乐趣。热心肠的当地人，十分愿意帮忙指路或者带路，所以丝毫不用担心会迷失方向。

即使曾无数次见过大海、踩过沙滩的人，仍然无法抑制初见粉色沙滩时，内心的狂喜。世上唯一的粉色沙滩，世上最性感的海滩，没有"之一"。只想抱着心爱的人惊声尖叫，或者沿着通向海滩的小径一口气跑到水边。

整个海滩大约4千米长，80～160米宽。沙质光滑、细腻，如少女吹弹可破的皮肤。光着脚踩上去，清凉、爽滑，无比舒服。蹲下来细看，沙子其实是由白色和粉红色两部分组成，白色是珊瑚岛上常见的珊瑚沙，而粉红色是来自当地的一种特有的生物——孔虫。

孔虫是一种单细胞的生物，很小，小到肉眼根本无法分辨。只有在哈勃岛附近的礁石上，能看到大片附着的红色或者亮粉色的孔虫。当它们被海浪冲击或者鱼类冲撞的时候，就会掉落下来，再被冲向沙滩。久而久之，沙滩变成了梦幻般的粉红色。多年来，巴哈马人珍惜着这份自然恩赐的珍贵礼物，坚持保持适宜孔虫生存的良好环境。

不时有来自世界各地的情侣选择在这片粉色沙滩上举行婚礼，海螺壳装饰而成的小径，海滩中央搭建的简易"舞台"，重要的不是炫酷的灯光，不是豪华的纱幔，不是精致的T台，重要的只是亲近自然的风情

▲ 巴哈马的亚特兰蒂斯酒店
酒店以柏拉图描绘的理想国"亚特兰蒂斯"命名，耗资15亿美元兴建，总部设在阿联酋迪拜的棕榈人工岛上，装潢和服务都极尽奢华。

▲ 迷人浪漫的海滩，搭配特色鲜明而极尽奢华的建筑，陪伴心爱的人，来一次爱的旅行，那是何等的幸福。

▲ 巴哈马天堂岛

与浪漫。当海风吹起白纱，湛蓝的海水与粉色的沙滩交相呼应，许下今生最美丽的誓言，给予彼此最深切、投入的一吻，留下此生最难忘的记忆。

更多的情侣选择来此度过蜜月中最甜美的时光，海滩上随处可见"爱的印记"。两颗紧密相连的爱心，两对相伴的脚印，或者几句温柔情话。海和沙留存这些符号，倾听情人们最真挚的声音和愿望。

也不妨俏皮一下，来一场你追我逐的游戏，一如当年恋爱时无限的激情与活力。过往的时光与情感需要精心守护，才能像经久不衰的粉色沙滩一样，明艳如初。

每个女孩都曾拥有过关于粉色的浪漫幻想。所以，当幸运的公主找到属于自己的王子，就一起去寻找那份唯美梦境吧。不管是充满自由与激情地奔跑，还是安静相拥时的彼此对望，都会留下此生最美的记忆。

在地球另一端的亚热带岛屿，热情奔放与温情浪漫交汇之地，携手迎接属于两个人共同的未来。刹那心动，即成永恒。

▲ 巴厘岛万种风情，景物甚为艳丽。因此，它享有"神明之岛""绮丽之岛""天堂之岛""魔幻之岛""花之岛"等美称。

Bali Island

巴厘岛——万种风情，百变巴厘

巴厘岛几乎拥有了所有身为"海岛"应当具有的优秀特质，天空、海洋、沙滩、火山、森林，每一处都洋溢着独特的风情，同时还带着浓郁的印度教的文化色彩。就像一个外表与内在都十分优秀的女子，更容易令人沉醉。梁静茹与赵元同、林熙蕾与杨晨、杨幂与刘恺威、徐若瑄与李云峰等明星情侣都选择了在此地举行浪漫婚礼。黄昏中的相拥，沙滩上的奔跑，夜空中绽放的绚烂烟火，构成了一幅幅难忘的画面与记忆。

乌鲁瓦图断崖，又叫"情人崖"，是巴厘岛最南端的著名景点之一。据传，当地曾经有一对"门不当户不对"的恋人，女子出身贵族，男子则是普通平民，两人相知

▲ 象征忠贞爱情的乌鲁瓦图断崖

相恋,却遭到女子家人的反对。两人热情如火,性情又十分刚烈,容不得爱情遭到怀疑与玷污。眼看不能在一起,又不能分开,绝望之下,他们结伴从海边的一处悬崖跳下殉情。

这段惨烈的故事就是"情人崖"的由来。传说是否存在,我们无从考证。这也许是人们想要为这座美丽的断崖增加一些神秘和悲情而制造的噱头而已。

前来旅行的情人们喜欢来到这里,欣赏美丽的景色,见证彼此坚不可摧的爱情。站在情人崖边,看着海浪拍岸、水天相接的海平面,内心会生出无限感慨。彼此珍惜,是情人们最好的相处宝典,而"情人崖"的故事让人明白,能得到一段自由的爱恋,又能顺利开花结果,是多么不易的幸福。

如今的"情人崖"更像是一个在海边断崖上建设的小型公园。整个断崖被绿色覆盖,植物生长茂盛。沿着观赏的小径行走,一路上还能遇到低矮的木质建筑、水池、假山、雕塑和亭子等。猴子是随处可见的动物,它们被野生放养着,也不怕人。所以游人通常会被告知,不要随意戴帽子或者从背包里拿吃的,因为突然会有猴子出来抢你的东西。一旦手中的东西被猴子夺走,就再也别想要回来了。倘若遇到好事的猴子靠近,也无须害怕,果断地吓跑它们是最佳的解决方式。毕竟,它们只是顽皮的精灵,并没有恶意的。

沿着断崖边的石阶攀登,可以听到海浪拍打岸边的声音,一下一下,显现出大自然的气势恢宏。断崖另一边的大片草地上,可以看到散步的牛羊,悠然自得。寻一处适当的位置,以断崖为背景留下两人的亲密合照,作为珍贵的纪念。

附近还有依山而建的乌鲁瓦图神庙,是巴厘岛的六大神庙之一,也是最古老最有历史价值的神庙,已经存在了七百多年。灰黑色的石头墙面上,保持着建筑材料原有的颜色和样貌,随处可见精致的神像雕塑。游人只能在院子里四处走走,不能进入大殿内部。参观时要遵照当地的传统,不过膝的裙子或者短裤要围上纱笼,过膝的要在腰上系一条丝带。

神庙的香火并不算旺盛,但给人庄严、肃穆的感觉,几乎没有任何商业气息。在其中寻求一份心灵的安宁,也是自我净化的好去处。

金巴兰海滩是巴厘岛最亲切的一片海滩,在巴厘机场南边,距离乌鲁瓦图断崖不远。原本这里只是一个小渔村，成为受欢迎的旅行目的地之后，变得热闹起来，商业也得到了很好的发展。然而，村民们始终坚持维系渔村的原始风貌，朴素、热情的氛围，使这片海滩成为休闲、放松的好去处。

多数人是为了金巴兰的落日而来。这里的游客相对较少，踩着浪花走在沙滩上，偶尔会遇到小巧可爱的贝壳，可以捡几个当作纪念品。

▲ 巴厘岛的海神庙

有零散在各处的小摊贩，售卖一种当地特色的"烤玉米"，有咸味、辣味等不同口味。摊主边烤边将调味料刷在玉米上，看起来跟国内流行的"烧烤"差不多。价格不贵，非常值得一尝。

当炽烈的阳光逐渐变得温和，太阳渐渐向海天相接的平面靠近，金巴兰一天当中最美的时段已经到来。

伴着清凉的海风，人们开始准备即将入夜的狂欢。岸边的一排酒店早早地摆出桌椅，游客们辛苦一天，都盼望能有一个轻松愉快的夜晚，而这里的"海滩大排档"是最佳选择。夜幕降临时，周围的灯光与桌子上的蜡烛映衬着人们的笑脸。烧烤、啤酒及当地特色的各式菜和饭，用来填饱肚子，补充能量。餐桌上，游客们兴致高的时候，会有人点上几首歌。世界各个国家的景点名曲，他们都能唱上几首。

弹起欢快的吉他，随兴手舞足蹈地跳上一段，整个晚餐的气氛被推至高潮。在欢乐的气氛中享受美食和美酒，一整天的疲惫便在热闹的沙滩上一扫而空了。

海神庙是巴厘岛的六大神庙之一，也是游览巴厘岛的必经之地。15世纪时，一位神职人员游览巴厘岛南部，迷上了这里的岩石，认为这是一处可以祭拜海神的圣地，就让当地的渔夫们在距离岸边不远处的一个大岩石上建了这座神庙。涨潮时，海神庙就像一个小小的孤岛，只能远观。退潮时，才露出岸边通向海神庙的道路。几个世纪以来，海神庙成了当地神话的一部分——据说神庙的岩石下面有负责守护的毒海蛇，可以防止恶灵的入侵。

如今，海神庙与岸上周边的风景一起成为一座公园式的旅游景点。从正门进入之后，要走上一会儿才能到海边。沿途可以遇到神像雕塑和灰黑色的建筑群，走到靠近海边的大片礁石上时，就可以清晰地看到海神庙的全景了。

被绿树包围着的神庙同样是灰黑色的建筑，普通游客不允许进入，只能在周围拍照。附近有一个可以"洗礼"的地方，需要付费。有兴趣的话，可以感受一下按照当地习俗进行的简单"仪式"，求一份安宁和祝福。据说，洗礼用的水是有保健功效的，可以直接饮用，口感清爽。

接下来的时间，可以远离人群，坐在海边的凉亭中倾听涛声，看海浪拍打礁石的澎湃与壮阔。冥冥之中，灵魂会有种被净化的感觉。

▲ 巴厘岛水明漾烛光晚餐

昏黄的灯光，绯红的霞彩，一桌美食，多少女孩曾幻想过这样的浪漫场景。在水明漾，这个幻想就可以变成现实。

✈ Phuket

普吉岛——安达曼海上一颗遗落的珍珠

在普吉岛细腻柔软的沙滩上,举行了一场浪漫至极的婚礼,碧海蓝天成为美好爱情的见证。倘若向往梦幻般的浪漫爱情,何不带着你的憧憬,与唯美的普吉岛谈一场恋爱,倾听浪花悄声诉说的甜蜜情话?

安达曼海,位处印度洋东北部边缘;而普吉岛,羞涩地藏身在安达曼海东岸,马六甲海峡的北端。来到普吉,你能看到眼前蔚蓝色随潮汐和日照的不断幻化,你能听到久久不绝的浪涛声息,你能感到云卷云舒和清淡的海风,你能闻到扑面而来微微的海腥气息……而最美的普吉,要从海滩上追逐落日谈起。

普吉岛一共开放了12个海滩,每个海滩都可以尽情地拥抱美丽的大海,每个沙滩都有自己的优点和魅力,或热闹,或宁静,或私密。普吉岛上最著名最富魅力的

▼芭东海滩
芭东海滩距普吉镇大约十五千米,是普吉岛开发最完善的海滩区。

▲ 普吉岛上的酒店
宽敞的房间，正对泳池和海景，听着涛声入眠，伴着水声醒来。

海滩当数西海岸的芭东海滩。芭东海滩是一个赏景与玩乐两相宜的地方，这里沙滩细腻，海水清澈，浪细风和。而这些美景之外，这里还可以体验各种刺激的水上活动，浮潜、帆板、摩托艇、滑翔伞等，应有尽有。游客可以在海天之间放肆疯玩，恣意欢笑，玩累了租一把躺椅，边晒日光浴，边欣赏来自世界各地的俊男美女，何其快哉！芭东海滩附近集中了普吉岛上大部分的酒店、度假村、餐厅、商场、酒吧、舞厅，完全可以满足吃喝玩乐各种需求。

芭东海滩南面的卡伦海滩，海岸线更加绵长，海水更加清澈，沙滩更加干净。在这里能够享受更清静的海滩漫步，这里的游客相对较少，气氛悠闲。卡伦海滩以南，是面积较小却格外别致的卡塔海滩。卡塔海滩拥有两个漂亮的海湾，整体上呈"W"形，因此，被分隔为"大卡塔"和"小卡塔"两个海滩。卡塔海滩附近有一处很美的小型珊瑚礁，是一个浮潜的好去处。清澈的海水、温柔的水波令这里格外适合游泳和浮潜，而当雨季来临时，这里同样是冲浪的不错选择。在海滩南边的山顶上，有一个很好的观景点，可以将大小卡塔和卡伦海滩的三个海湾尽收眼底，若是在普吉岛上买明信片，你会发现这正是明信片上的经典风景。这个山顶，也是欣赏海上日落的绝佳地点之一。

普吉岛上最美的日落在神仙半岛。神仙半岛在普吉岛的最南端，又名蒲贴海角,在泰语中的意思为"上帝的岬角",因为在观景台上供奉了一尊四面佛而得名,当地人喜欢称它为神仙半岛。每天黄昏,游客便纷至沓来,观看海上日落的美景。当夕阳接近海面时,余晖将波光粼粼的海水染成一片金红,金光灿灿,天空中彩霞弥漫,似有万般色彩,海天之间,一派辉煌,而我们也在这辉煌中沉醉、震撼。海和天在拥抱中浓意温存,柔情缱绻,直到落日完全沉入水中,多彩的落霞慢慢地在地平线上留下一抹妩媚的眼波,然后融入夜幕的序曲。从山上下来,便是美丽的奈汉海滩。岬角旁建有一座灯塔,这座灯塔平时已经不再点亮,只有在国王的生日时才会点亮以示庆祝。灯塔旁标示着日出和日落的时间,可以作为参考。

普吉岛周边有三十多个离岛,它们如同与世隔绝的世外仙境,清幽、天然、绝美。跳岛游是普吉岛之行最令人着迷的一项,坐上一艘船,带上所有的幻想,去寻找一个海外仙岛。

皇帝岛,曾经是泰国王室的专属度假岛,开放以后,它便以纯净无污染的海水和沙滩、精致绝美的景色、远离尘嚣的宁静以及奢华的配套服务著称。皇帝岛上不仅有令人心醉的美丽海景,更有山景和内陆小湖泊,景致多样而不乏味。皇帝岛是个浮潜的好地方,水温适宜,海浪温柔,海岸线绵长,在不同的地点潜水,会有不同种类的鱼儿来与你玩耍。岛上最适合浮潜的海滩是东南角的Kon Kare Bay海滩,这里有大片斑

▲ 普吉岛的特色游船

斓多彩的珊瑚。岛上有三家度假村,可以订购一日游的行程,晚上回普吉岛住宿,如果时间充足,也可以在岛上住几天,享受忘记喧嚣的宁静与悠闲。

如果你最爱的是多彩刺激的水上运动,那么珊瑚岛绝对是不可错过的。岛如其名,珊瑚岛被各种色彩缤纷的珊瑚礁所环绕,颜色鲜亮的热带鱼在珊瑚间自在穿梭,水下的世界美不胜收,深潜的话,还会遇见一艘沉船。珊瑚岛上水上运动十分丰富,有浮潜、深潜、摩托艇、滑翔伞等,其中最刺激的当数戴上钢盔潜入海底海中漫步。

皮皮岛是近年来炙手可热的度假胜地之一,这是一个被阳光眷顾的地方,天气总是晴朗,沙滩洁白细腻,海水宁静碧蓝,一切都是未受污染的天然样貌。皮皮岛是由两个岛屿组成的姐妹岛。北部的是大皮皮岛,也是人们通常所指的皮皮岛。大皮皮岛的形状如同一块可爱的骨头,两端是被树林覆盖的山丘,岛中央由两个半月形海湾交汇而成,大片的沙滩与翡翠色的海水相接,宁静而美丽。岛上有渔民居住,度假

夕阳下的皇帝岛

❶ 在普吉岛潜水的游客

❷ 攀牙湾石岛

攀牙湾的这座石岛曾是007系列电影《铁金刚大战金枪客》的取景点，在电影上映后，这座石岛也被称为"詹姆斯·邦德岛"。如今，它已经成为攀牙湾的标志。

❸ 海上降落伞

村、餐厅和各种娱乐设施也十分齐全。花几天时间住在这里，享受难得的宁静，你会爱上这至美的时光。南部的小皮皮岛四周耸立着悬崖峭壁，地势险要，人迹罕至，因此保存了最纯净的海水和最艳丽多姿的海洋生物，是绝佳的潜水点。小皮皮岛拥有天生丽质的海滩，由莱昂纳多主演的好莱坞大片《海滩》便把这里作为外景地。岛上还有几个巨大的石灰岩洞穴，倒垂的钟乳石，史前壁画都那么的惊艳。维京洞穴内栖息着许多海燕，是一家燕窝"工厂"，在附近能看到工人艰苦地采集燕窝的工作场面。

看异国的风景，品异地的美食，在眼睛饱览美景的时候，自然也不能亏待了舌头。到普吉岛，自然要尝一尝正宗的泰国菜。泰国菜色彩鲜艳，讲究酸、辣、甜、咸、苦五种味道的平衡。初尝泰国菜，味蕾同时受到这五种味道的冲击，会给你一种新奇特别的体验。泰国菜中有几道著名的经典菜式，到了餐厅里望着菜单不知点什么好时，不妨试试这些经典。咖喱是东南亚一带最受欢迎的调料，泰国人将咖喱运用到极致，几乎所有食材都能和咖喱搭配得相得益彰。咖喱分为绿咖喱、黄咖喱和红咖喱，绿咖喱味道酸辣，黄咖喱口感柔和，红咖喱浓稠微辣，烹煮时搭配不同比例的椰奶、鱼露、糖等作料，会做出不同的口味。咖喱炒蟹是泰国的一道名菜，也是海岛之行必吃的一道菜。肥美的螃蟹加入咖喱酱快炒，咖喱的辛辣味道渗入蟹肉中，但不会影响蟹肉的鲜美，吃起来味道层次丰富。冬阴功汤被称为泰国国汤，不论是大小餐馆还是普通人家，都能看到这道菜。冬阴功汤照字面意思翻译就是"酸辣虾汤"，这道汤采用柠檬叶、青柠檬、小红椒、香茅、鱼露等泰国特有的调料烹调，初尝时是酸辣两味，细品之下却是百味饶舌，层次分明。色彩缤纷的菠萝炒饭、口感清爽的椰汁鸡汤、味道鲜美的泰式烤鱼……美食太多,每一样都让人印象深刻,忍不住回味。

吃过了经典菜式,泰国的特色小吃同样精彩。泰式炒河粉是泰国人从早餐吃到晚餐的一道美食。软糯的河粉与豆干、花生、鸡蛋、虾米、豆芽、韭菜等一起煸炒,简单而美味。青木瓜沙拉是泰国的国民料理之一,在路边随处可见舂木瓜丝的小摊,除了木瓜丝,还会放入花生、虾米、柠檬、辣椒、鱼露等,你还可以选择放进去一只螃蟹,味道酸辣清新,非常有热带风情。

在普吉岛,有最美的落日、最缤纷的海岛、最精彩的美食、最多姿的生活。你可以享受悠闲慵懒,在微涩海风里任由时间流淌;你可以放肆疯玩,寻找最刺激的景色与游戏;你可以握紧爱人的手,全神贯注地看一次夕阳,拥有一个最浪漫的假期。

▼ 普吉岛查龙寺

这座寺院是普吉岛上最大的佛教寺院,进入寺庙不收取任何门票费用,但必须脱掉鞋子,以示尊重。

Chapter 3 ● 相逢在水清沙白的人间天堂

The Republic of Maldives

马尔代夫 —— 上帝抖落人间的花环

上帝创世之初,在印度洋上撒落了花环般的美丽之地,每一个海岛,都有洁白细腻的白沙,有明媚热辣的阳光和浅蓝色的清澈海水,有五彩斑斓的珊瑚和热带鱼,这就是马尔代夫。它是一份丰厚的馈赠,美丽、多姿、宁静、欢快、舒展,恰如地平线上最后的乐园。

夜幕下的马尔代夫满月岛码头

马尔代夫被人们称为"上帝抖落人间的花环",这里有1192个大小岛屿,"一岛一风景"已经成了马尔代夫的标志。其实不止岛屿,马尔代夫的每一座码头、每一个酒店都有自己独特的魅力。

不管你是追寻远方的旅行者,还是安于宁静的资深宅人,都一定听说过马尔代夫的鼎鼎大名。在无数的文字、照片、影像中,浮光掠影地瞥见它美丽的容颜,便会自然而然地生出一种向往,想要在"椰林树影,水清沙幼"的美景中,寻找一段独属于自己的时光。美景相伴,方不负良辰。

马尔代夫位于亚洲南部浩瀚的印度洋上,1192个大大小小的珊瑚岛屿如珍珠般散落在赤道两侧,共同组成了这个世界上最大的珊瑚岛国。马尔代夫的岛屿是因古代海底火山爆发而形成的,地势低平,地形地貌千变万化。地处热带,马尔代夫没有四季之分,年平均温度28℃,永远沉浸在夏天的热烈明快中。

水晶般清澈透明的海水,细腻晶莹的白色沙滩,海岛中心绿宝石般明澈的礁湖,茂盛的热带植物,临水而建的可爱房屋,丰富的水

上活动，美味的海鲜和热带水果，一流的硬件设施，还有无微不至的服务，这些都是马尔代夫的馈赠，是来这里必然会与之相遇的美好。而同时，来马尔代夫，你还可以精挑细选，在众多岛屿中选中那座为你打造的小岛。马尔代夫实行一岛一酒店制度，不少岛屿隶属于世界知名的酒店集团，一座小岛就是一个度假酒店，由世界顶级的设计师进行设计，每个海岛都有不同的风情味道。目前已经开发成度假酒店的海岛近90个，岛屿之间通常距离遥远，因此玩遍所有海岛几乎是不可能的事，不如挑选一二海岛，细细体味，悠然享受。

马尔代夫的首都马累，是亚洲最小的首都，面积仅有2.5平方千米，却是马尔代夫第一大城市，亦是马尔代夫群岛的缩影。乘坐飞机来到马尔代夫，城中的大街小巷都是用白沙铺就，晶莹可爱，纤尘不染。房屋多为两层平房，干净整洁，漆成蓝色或绿色的门窗与白色的道路、海滩色差强烈。街道两旁高大挺拔的椰子树和各种热带花树交相辉映，微风轻拂，果木清香氤氲不散。马累最美的地方就是海滩，洁白的珊瑚沙形成的海滩，轻柔细腻，透过淡蓝色的澄澈海水，可以看到五颜六色的珊瑚礁和成群结队的热带鱼，想象中的海底世

界，在这里却近在眼前。在马累，绝对找不到酒吧和夜间娱乐场所。马尔代夫全民信仰伊斯兰教，除旅游岛外，这里没有买酒的地方。不过，下午时分，逛街的人和街头音乐，紧张繁忙的鱼市，汇集了各岛特产的本地市场，都令这座城市生机盎然。马累岛上还有少数历史古迹，建于1656年的星期五回教堂是岛上最美的教堂，教堂内外的墙壁上都刻满了阿拉伯文字和精致繁复的装饰。

天堂岛是马尔代夫最著名的度假

◀ 马累岛酒店游泳池内的游客

每年的11月到次年的4月是马尔代夫的旅游旺季，亚洲和欧洲的游客都非常多，酒店价格也比较高，每年5月到10月则是相对的淡季，有时还能享受到免费升级房间的优惠。

▼ 南马累环礁的一家酒店内景

马累岛上的酒店档次一般，但价格不菲，因此主要用来临时休息，要想享受到马尔代夫"一岛一酒店"的独特服务，还是要到海岛上的度假村去体验。

▼ 马累的古清真寺

马尔代夫人大多是虔诚的伊斯兰教信奉者，在此旅行时要尊重当地人的习俗，参观清真寺时要穿着长裤或者长裙，不能穿鞋。

>> **Look** | 105

▲ 水上屋

海岛，之所以得"天堂"之名，除了因为这里水特别蓝，沙滩特别细腻，阳光特别好，最大的原因在于这里有一座被誉为"世界上最大的海岛度假酒店"，住在其中，满眼皆是风景。岛上的水上屋悬于海上，由独立的海上木栈道连通，外观上是热带风情的简单质朴，内部设施则极为精致舒适。水上屋的房间一律只提供双人大床，贴心的酒店每天都会用不同花卉在床上做出不同的装饰，为旅行者增添一点浪漫惊喜。巨大的露天按摩浴缸，让你在一片蔚蓝的大海中沐浴，在享受舒适的时候，与整个海天融为一体。房内的地板上有一块大玻璃，可以看到房间下的大海，晚上灯光亮起，会吸引成群的鱼儿。沙滩屋则隐藏在茂密的热带植物中，房间的后院有露天的浴缸、淋浴和小凉亭，走出后院，便是无比动人的沙滩和大海。岛上的

▲ 酒店的自助早餐

马尔代夫酒店的自助早餐以金枪鱼、洋葱、椰子和新鲜水果为主，还会搭配一些薄饼和茶。

▲ 马尔代夫的海水

一位绰约的女郎出现在马尔代夫蔚蓝色的海岸旁，不经意间就形成了一幅迷人的画面，即便最神奇的画师也无法素描出这样美好的场景。

▲ 马尔代夫鸡尾酒

"马尔代夫淑女"是当地一种特有的调制鸡尾酒，每个岛的配方还不一样，来到马尔代夫，一定要品尝这种味道不错的饮品。

几家餐厅各具特色，食物也十分精致美味，其中最经典的，当数Islander's Grill餐厅极致浪漫的海滩夜宴。夜晚，白色的沙滩被天空映成蓝色，餐桌迤逦排成长龙，桌上是新鲜美味的海产，对面是烛光里的欢颜……天堂岛上的水上娱乐项目也非常丰富，浮潜、深潜、快艇、帆船、皮划艇等，应有尽有，而且所有设备都可以凭房间号免费借用。

自然赐予美景，亦赐予美食。在马尔代夫，餐厅的菜单搜罗了世界各地的美食，精彩纷呈，完全不用担心找不到自己的菜。精心烹调的新鲜海产，是最常见的食物，各种鱼类做成的花样菜色，会惊艳你的味蕾。而最地道的马尔代夫菜往往又热又辣，而且餐餐有鱼为伴。一顿正宗的马尔代夫正餐包括米饭或薄饼、汤、咖喱、甜酱、蔬菜和腌菜。经典的菜是咖喱辣鱼，吃的时候将薄饼撕成条，与咖喱和调味品在盘子里混合，然后用手抓食。游客还可以尝尝风味独具的当地小吃，给味蕾一次新奇的体验。杜法意翅泰（Dhufaa Echetai）是马尔代夫最盛行的一种小吃，用槟榔果、槟榔叶、丁香、酸果、烟叶等制成，是岛民每天饭后的零食。从棕榈树干榨汁制成的甜香多迪（Toddy），是当地最著名的饮料。这些小吃和饮料，在街头巷尾的小店中都可以买到。"马尔代夫淑女"是当地一种特制的鸡尾酒，不含酒精，却浓烈香醇，每个岛屿的酒吧都有不同的配方，不容错过。在马尔代夫还能以最实惠的价格买到各种热带水果，新鲜美味，是那些经过漫长运输旅途的水果所不能比拟的。

"如果你一生中有许多次出国旅游的机会，那你一定要来马尔代夫；如果你一生中只有一次出国旅游的机会，那你更要来马尔代夫。"这个美丽的岛国，给全世界带来了无数美好的时光。但随着海平面的逐年上升，马尔代夫正面临着消失的危险。在此之前，你是否也想与这座隔世天堂来一次美丽的邂逅？

▲ 大堡礁海底世界中的海星

The Great Barrier Reef

大堡礁——五彩斑斓的水下世界

大堡礁是世界自然遗产，是这个星球赐予人类的一片奇迹般的海底世界。珊瑚礁，是大堡礁最具特色之处，不同颜色、形状、大小的珊瑚装点着深深浅浅的海面，就像一朵朵绽放在海上的花，明艳又美丽。2011年5月的《华夏地理》杂志，用优美的文字全面介绍了大堡礁。而BBC拍摄的高清纪录片《大堡礁》，更是令无数人对那里充满了神往。

大堡礁生存着四百多种不同类型的珊瑚礁——世界上最大的珊瑚礁就是在这里被发现的。

珊瑚礁与通常所说的"礁石"完全不同，它形成的主体是珊瑚虫，一种直径几毫米的肠腔动物。珊瑚虫常年生活在水温22℃～28℃的海域——或许是为了向世人

▲ 大堡礁的海底世界丰富多彩，艳丽无比。珊瑚、海龟、小丑鱼等应有尽有。它们很友善，可以跟它们做"朋友"，也可以趁机拍照。

▲ 大堡礁海底深潜

展示自己美丽的颜色，这些小精灵们对于水质的洁净度和透明度要求是极高的。

几百万年的漫长时光里，珊瑚虫们以浮游生物为生，一代又一代地更新交替。逝去的珊瑚虫留下遗骸，新的珊瑚虫继续生长。它们分泌的石灰质骨骼，连同遗骸及其他贝类、藻类的生物残骸一起堆积成珊瑚礁。

整个珊瑚礁的建造过程十分缓慢，但极易遭到破坏，所以需要加倍珍惜和保护。去往大堡礁的旅行者必须对大自然抱有敬畏之心，才能尽情享受珊瑚虫们创造的奇异世界。

庞大的礁群中，拥有着形态各异、色彩各异、形状各异的珊瑚礁。

堡礁的大部分都在水下，露出海面的只是一小部分。有些只有退潮时才能露出礁顶，放眼望去，千姿百态。同一片珊瑚礁，在不同人的眼中，也会呈现出不同的样子。这是激发想象力的时刻，它们看上去像树、蘑菇、灵芝，还是荷叶、海草、鹿茸？又或者它们只是一件独特的艺术品，拥有独立、个性的姿态。

珊瑚礁的颜色有红色、黄色、绿色、粉色、紫色，它们交织在一起，就形成了迷人的珊瑚礁世界。

一千五百多种热带海洋鱼类和四千多种棘皮动物、软体动物等，构成了大堡礁海域的"生物大家庭"。

透过清澈的海水，随时可见轻松自在畅游的鱼儿。有的斑纹清晰、色彩艳丽；有的体态滑稽；有的擅长伪装；有的体格庞大，如鲸鱼、鲨鱼、海牛、巨蛤；有的又如微尘一般渺小。还有些世界上濒临灭绝的物种也会在这里出现，繁衍它们的后代。

如此巨大的天然海洋博物馆，需要对生态环境的小心保护。大堡礁的生态平衡比较脆弱，稍不注意就会被打破，从而引发珊瑚礁的快速消减。因而，"侵入"其中的人们要学会善待每一种生物。

大堡礁的玩法多样，游览的线路也有多种，整体上分为内堡礁和外堡礁。内堡礁靠近城市海岸，出游方便，耗时短；外堡礁距离海岸较远，更具原始风貌。凯恩斯、艾尔利海滩、布里斯班，都可以作为游览的起点；圣灵群岛的心形岛、白天堂海滩等地，则是情侣们婚礼和蜜月的首选。另外值得一提的是，如今的林德曼岛已被中国人收购，可以提供不错的行程安排及相关服务。

准备好各类装备和拍摄工具，一起来"游"进大堡礁的世界吧。

珊瑚礁和海洋生物是大堡礁旅行的重点，无论如何都不能被忽略。

与其他海岛流行的"浮潜"不同，想要观看大堡礁的真实面貌，仅仅"浮潜"是不够的，一定要深入水下，才能收获满满。所以，潜水资质是必须要有的。当地有很多地方可以提供潜水课程，花费三天到一周的时间，可以拿到不同等级的PADI潜水执照。之后，就可以入海一游了。

大堡礁拥有多个最佳潜水点，在不同潜水点能见到不同种类的珊瑚礁和海洋生物。专业的潜水爱好者会根据各自的喜好和需求选择不同的潜水点。而对于普通游客来说，则无须太过计较，加入潜水团就行了。

潜水团是当地的爱好者或者俱乐部组织的小型潜水团队，时间和地点不尽相同，选择适合自己的就好。通常，团队会提供食宿和必要的器材。如果对潜水不是很熟练，可以提前与船长沟通，好心的船长会给予必要的指导和练习，还会叮嘱团队中的高手关照一下。

真正深入海底，就像穿越到另一个世界。

珊瑚礁是海底世界中的一座座山，而珊瑚则扮

▲ 大堡礁的海底世界

▲ 大堡礁碧绿的海水

演着"植物"的角色。游来游去的鱼儿、虾、龟、蚌、水母、海葵、螃蟹和其他动物是山中居民。小心翼翼地穿梭在珊瑚的世界中，仔细观察它们的颜色、形状及长长短短的触手，想象数千年来，它们在海中繁衍生息的日子，看似单调，却也能不朽。

鱼儿是最常见的物种，几乎每一秒钟，身边都会游过各种不同种类的鱼。当裸露的皮肤与鱼儿滑腻的身体亲密接触时，会产生一种奇妙的感觉。短时间内很难认清鱼儿们的种类，它们快速游过时根本没有机会细看，有些即使细看也认不出来。对多数人来说，恐怕只有《海底总动员》中的明星小丑鱼Nemo的原型，能够轻易被认出。其他诸如鳐鱼、蝴蝶鱼、狮子鱼、鹦鹉鱼、天使鱼等，除非是海洋科普知识学得足够好，否则想要认出它们还真不容易。接近珊瑚礁时，偶尔还会遇到某些善于隐藏自己的鱼——它们受到惊扰会突然出现，吓人一跳。

其他物种就更不在普通人的识别范畴了。偶尔能看到将自己埋进海底沙子里的龙虾，横行霸道的螃蟹，或者呆呆地用厚实坚硬的壳保护自己的贝类。凶巴巴的大型动物也有可能出现，比如鲨鱼，如果不喜欢它们就趁早溜之大吉吧。

潜水是需要技巧的运动，也很耗费体能。游玩时不要过于迷恋海底世界的美景，时刻留心自己身体的变化和身边人的指示，安全娱乐才是上策。

▲ 克里特岛的码头

Greek IsIands

希腊小岛
——点缀在蓝绒布上的钻石

是贪恋美景还是情有独钟？是难以割舍还是生来拥有？为何古希腊众多神明都在这片海域小岛徘徊逗留？比如众神之王宙斯、海神波塞冬、智慧女神雅典娜，比如太阳神阿波罗、战神阿瑞斯、爱神丘比特，还有月亮女神塞勒涅与曙光女神厄俄斯……可能，神明们也曾为迷人的爱琴海而神魂颠倒吧，要不然他们怎会划水为布，再将一颗颗璀璨钻石点缀在了这片蓝绒布上？当3000年古希腊文明之风随着碧海波涛渐行渐远，那颗颗钻石已化为一座座迷人的小岛，与海、建筑，构成人间绝无仅有的蓝白世界。

曾有众神光顾的这片海域分布着六千多座岛屿，最大的岛屿超过8000平方千米，最小的岛屿只有一张床铺大小。在这些星罗棋布的岛屿中，目前仅227座有人居

住，其中有78座达到了100人以上，还有些零星岛屿已被少数富豪买走。

克里特岛是最大的一座岛屿，面积8336平方千米，是爱琴海南部的一处天然屏障。它天生就与爱琴海割舍不断，即便在古老的神话传说中都是不可缺失的角色：相传很久以前，克里特岛上有个米诺斯王国，王后生了个牛头人身的怪胎米诺牛，国王在王宫地下为其建起一座极其复杂的克诺索斯王宫，并命令附属国雅典每年进贡七对童男童女供米诺牛享用。雅典国王爱琴的儿子忒修斯为了解救国民于水火之中，决意前往克里特岛，后来他终于在米诺斯公主的帮助下成功杀死了米诺牛，安全退出迷宫。可是，乘船归来的王子忘记挂起代表胜利的白帆，老国王爱琴误以为儿子命丧虎口，万念俱灰之下纵身投入了蔚蓝色的大海。人们为了纪念他，遂将这片海域命名为爱琴海。

克里特岛上有伊罗达和锡蒂亚两处优美的海滩，阳光、大海、山脉、空气、云朵在这里肆无忌惮地交错浮现。独自穿行在岸边丰茂的橄榄树林中，看着眼前美景历历而过，仿佛自己拥有大自然的一切美好事物——不知道那个老国王爱琴当年纵身入海时是否留恋过身边最后的美景？

像是为了印证凄美的传说，克里特岛上成功挖掘出克诺索斯迷宫遗址。遗址面积约有二点二万平方米，房间至少有1500个，整个布局错综复杂，梯廊

▲ 钟楼

希腊的国教是基督教三大派之一的东正教，信仰人口约占总人口的98%。但东正教并非唯一宗教，而是与其他宗教并存的。他们的建筑风格也在一定程度上受到了宗教的影响，浪漫与庄重并存。

曲折、厅堂错落、天井众多，看来希腊神话里将其称为"迷宫"一点儿也不为过。令人好奇的是，"迷宫"里还有大幅的彩色壁画、巨大的盛酒陶瓷坛和世界上第一个抽水马桶。看过遗址之后，游客们还可以在岛上欣赏无数美景，比如拜占庭式的教堂与修道院、雄伟的威尼斯式建筑、奇特的岩石、繁星般的洞穴，还有富饶而美丽的河谷、壮观而有趣的萨马利亚峡谷……

圣托里尼岛与克里特岛相比，具有另一种动人心魄的美。这座位于爱琴海、地中海交汇处的火山岛，谁也不知道它曾经有多么辉煌的过往、多么伤痛的历史，人们猜测圣托里尼岛可能是那片失落的大陆——亚特兰蒂斯所遗留的残余部分。如果猜测成真，如果亚特兰蒂斯确实存在，那么圣托里尼将成为何等荣耀的一处圣地！

圣托里尼岛似乎有种魔力，它能将蓝白两种色彩过滤到纯净的状态。蓝，便蓝得鲜明彻底、浩浩荡荡；白，便白得纤尘不染、毫无杂质，有人索性称它是"把全世界蓝色都用光的地方"。远眺海天之间，那层层叠叠的村落建筑全由白色房体搭配深蓝色的圆屋顶，分分明明地错落而立。蓝色的天空、蓝色的爱琴海、蓝色的屋顶，周围的世界仿佛

❶ 库勒斯古堡

库勒斯古堡建于16世纪，坐落在旧港口的防波堤上。它抵挡了土耳其人长达22年的进犯，后来成为土耳其人关押克里特反抗者的监狱。古堡外壁刻有圣马可飞狮的图标，这是威尼斯人统治时期的标志。

❷ 蓝顶教堂

蓝顶教堂位于希腊圣托里尼岛，这座蓝顶白墙的地标式建筑安静地矗立在爱琴海边缘，曾登上《国家地理》杂志封面，是来希腊不可错过的风景。

❹ 克诺索斯王宫

克诺索斯王宫是克里特文明最伟大的创造，位于伊拉克利翁州，始建于公元前1900年左右。建筑群面积达2.2万平方米，梯道走廊曲折复杂，厅堂错落，布置不求对称，出奇制巧，因此希腊神话中誉之为"迷宫"。

荡漾着无尽的温暖，白色小屋在海水与阳光的调和下为眼前美景增添了明亮的基调，一切都显得那么自然、清新与纯净，仿佛空气中不存在一粒尘埃，海水中不掺杂一丝杂色。

希腊小岛中还有座极为神秘的桑托林岛。柏拉图曾经推测，地中海西部有一个美丽富饶、遍地黄金的理想国，可是一次突发的大地震将这片极乐世界毁于大海之中。希腊的地震学家卡拉普诺斯做出大胆的假设：桑托林岛上曾有过多次火山运动，最剧烈的一次爆发在公元前1500年左右。而且从岛上挖掘出来的阿克罗蒂斯遗址来看，它很可能就是柏拉图笔下的"理想国"。

这里是古希腊文明的摇篮，这里是众神钟情的蓝白世界，这里还是亲密爱人的婚礼殿堂。若你在最美的8月到来，便会明白众神为何情愿在眼前这片蓝绒布上缀上颗颗钻石。

也许是因为众神眷顾，希腊小岛美景众多。这里还有以阳光、海水、沙滩与性感美女闻名的米科诺斯岛，风光如画的明信片小岛，有被奉为"奥德赛故乡"的伊萨卡岛、据说是荷马出生地的希俄斯岛，有适合度蜜月的帕克西岛、庆祝活动极为丰富的科孚岛，还有开辟裸体浴场的帕特莫斯岛、被称为"白屋森林"的波罗斯岛……它们真像是缀在蓝绒布上的一颗颗光芒四射的钻石。只有来过这里，你才会知道：神明们有多么宠爱琴海，就有多么宠爱琴海上的希腊小岛。

夏威夷 —— 在沙滩上狂欢到天亮

Hawaii

夏威夷是全球的热门旅行地之一，也是情侣们心心念念的结婚和度蜜月胜地之一。据说，每个月有大约三百对新人在夏威夷举行婚礼。导演陆川与爱人胡蝶的婚礼就在这里举行，婚礼完全按照当地传统，私密而隆重。山花烂漫，白纱飞舞，新人牵手走过火山，走过树林，走过海滩，走过了一生最浪漫的时刻。

瓦胡岛是夏威夷群岛之行的重点之一。虽然它并不是群岛中最大的岛屿，但却是夏威夷州的中心，许多著名景点和商业区的聚集地。威基基海滩、珍珠港、钻石

夏威夷水上度假村

▲ "亚利桑那号"战舰的船锚

"亚利桑那号"1918年11月曾护送美国总统伍德罗·威尔逊参加巴黎和会，于珍珠港事件中被击沉。为了纪念它，特将战舰的主锚制成雕塑立于珍珠港。

山都是值得畅游一番的经典之地。

几乎所有来到夏威夷的人，都不会错过久负盛名的威基基海滩。因而这里总是处于一种人满为患的状态。在长达1.6千米的海滩上，有来自世界各地的人——随处可见懒散地躺在沙滩上晒日光浴的西方人，躺在椅子或者大浴巾上看书、闲聊、打盹的东方人。海中各处散布着冲浪爱好者，炫酷的冲浪板、衣服和文身，充满激情。

海滩边的库西欧公园，立着一尊"国际冲浪之父"杜克·卡哈纳莫库的铜像。这位夏威夷土著人擅长游泳、冲浪、皮划艇等多种水上运动，并以游泳和冲浪名扬全球，成为同时被列入游泳名人馆和冲浪名人馆的运动家。游客们路过这里时，会与铜像合影留念。姿势则是五花八门，令人捧腹。

想要躲避海滩的烈日，可以到附近的卡拉考阿大街，享受被商店、酒店、购物中心包围的感觉。ABC连锁店可以买到各类手信，例如贝壳、坚果、裙子，及富有当地特色的阿罗哈衫等。而免税店也是极具吸引力的场所。这里的免税店是全美最大的免税商城，被许多人奉为"购物天堂"。除了规模大、品种多之外，各大品牌的新款、独家发售的名品和优惠套装组合，也是最容易让钱包瘦身的——为"亲爱的"选一份心仪的礼物吧，难得的蜜月之行总要奢侈一回，才够疯狂。

瓦胡岛南岸是著名的"珍珠港"，夏威夷最大的天然港口，也是美国海军基地和太平洋地区"二战"国家历史纪念碑的所在地。"二战"时期的"珍珠港事件"是美国人永远无法抹去的痛，也成为历史书中的重要一笔。尽管气氛有些凝重，但仍然值得去了解。

"亚利桑那号"纪念馆漂浮在沉没的"亚利桑那号"战舰上方，需要乘坐渡船才能上去。还有一处"密苏里号"战舰纪念馆，设置在"密苏里号"

度假便利帖

最佳旅行时间： 四季皆宜。

风情体验： 夏威夷是个适合"狂欢"的地方，有丰富的历史传统，也有鲜明的现代特色，踏上美国唯一的群岛州，开启别样风格的海岛游。

▲ 傍晚的夏威夷海滩

夏威夷海滩是世界上最有名的海滩之一，位于火奴鲁鲁岛上。

战舰的甲板上，当年麦克阿瑟将军就是在这里接受了日本的无条件投降，"二战"宣告结束。

铭记历史，才能远离战争。带着感慨走出珍珠港，去活动活动，攀登钻石山吧。

钻石山的得名，据说是因为第一个发现这里的库克船长声称夜晚能看到整个山头发出蓝色的光芒，像极了蓝宝石。自此，钻石山就成了夏威夷的知名地标之一。事实上，钻石山是一座死火山，风景秀丽，视野很好。沿着小径一路向上走，不需要耗费太多体力，就能到达山顶。沿途可以见到些许不知名的植物，茎部直立，顶着红色的球状果实，有点滑稽。山顶视野开阔，可以俯瞰整个岛屿的全景：商业区、海滩和泛着白色浪花的海水，清晰可见。

无声地依偎着眺望远方，或者大喊一声："I love you！"爱情，就是这么甜蜜又任性。

波利尼亚文化中心是一个民族文化博物馆，坐落在瓦胡岛北边的莱伊附近。长久以来，这里保留着波利尼亚文化的传统和精髓，太平洋上的七个民族，生生不息地传承着他们的独特的本源文化，用生命追求自由的生活。

文化中心占地近十七万平方米，面积和规模都比较大。进入参观需要购买门票，且价格不菲。不过这里的确是文艺小青年们不容错过的地方，既然已经来到夏威夷，还是不要太计较银子了吧。

走入文化中心，仿佛走入了另一个土著人的世界。七个民族形成七个不同

▲ 夏威夷火山喷发

的村落，带着浓郁的土著风情，分布在河流两岸。树木郁郁葱葱，掩藏其中的是木质结构的房屋、茅草屋、木雕、古老的木船、原始生活的用具等，向每一位来访者展示着当地独特的文化和生活方式。其中，某些房子装饰华丽，内部有壁画，或者图案丰富的地毯、挂毯等饰品，非常美丽。

偶尔会遇到热情的土著人，为你跳上一段古老的民族舞蹈，或者向你展示他们身上的配饰或文身，特别有趣。若是彼此沟通无障碍，还可以闲聊几句，或者与他们一起合影留念。夜里，文化中心还有传统的特色演出，但票价相较白天更为昂贵，如果不是对当地传统文化特别钟爱，就无须破费了。

冒纳凯阿火山（又名"冒纳凯亚火山"）是夏威夷大岛上最美的风景之一，自深入海底的山脚到山顶，有超过1万米的距离。因其地貌接近火星的样子，曾有很多电影的拍摄是在这里取景的，而到达这里的游客却不算太多。

游览火山最好的方式是自驾，当车行驶在笔直的公路上，遥望远方苍茫的天空，路过两边一排排树木或者大片草地，有一种不顾一切想要往前冲的感觉。随着火山的不断临近，地形地貌逐渐发生着变化，像是要去往另一个星球。

半山腰的位置有游客中心，提供热水，也能买到简易的食品。进行必要的能量补充之后，接下来的山路就会艰难一点。没有路基的沙石路，对驾驶技术和车况的要求都比较高。距离山顶越近，氧气越稀薄，但天空却更显出空旷的蓝。视线下方，红色的火山灰形成起伏的小山丘，被云海笼罩，颇有几分意境。幸运的话，还会遇到彩虹。

山顶温度很低，需要穿厚实的衣服，所以行程中如果有这么一站，羽绒服是必不可少的装备，不要怕麻烦。山顶各处散布着天文台，日落前会有工作人员提醒游客按时下山。夜里，山上是不对游客开放的。想要见到美丽的星空，只能去游客中心欣赏。

游客中心为前来"观星"的人们提供优质的服务，他们会提前架设好天文望远镜，不同的望远镜可以看到不同的星球。夜幕降临的时候，游客们就可以排队欣赏宇宙美景了。英语足够好的话，可以认真听一下工作人员的讲解，观赏的时候就更有目的和意义了。如果只是单纯为了追求浪漫的氛围，用肉眼观看漫天灿烂的星光就已足够了。

独特的风景会带来异样的惊喜，火山上的"二人世界"也会有别样的感受。

今生要与你相约的100个地方

▲ 夏威夷草裙舞

夏威夷草裙舞，又名"呼拉舞"，是一种注重手脚和腰部动作的舞蹈。草裙舞是夏威夷最有代表性的活动，而如今的夏威夷人，正用这种载歌载舞的方式迎接着远道而来的客人。

▶ 阿拉威游艇港

阿拉威游艇港是非常漂亮的游艇港，港口停泊着很多私人游艇，这里的游艇也可供游客租赁。

当地各个岛屿几乎都有婚礼策划公司，专门为情侣们营造一个夏威夷独特的传统婚礼。

婚礼由德高望重的长老主持，他身穿传统的酋长服饰，左手端木钵，右手持蕉叶。仪式开始时，长老先走向大海，向蓝天和海洋祈祷，再用木钵取水。周围响着四弦琴弹奏的音乐，舞者跳着迎宾的草裙舞，整个气氛郑重又不失欢快。

接下来，男女主角在引导下穿过花草装饰的拱门，分立两边。长老用古语祈祷，为新人订立爱的

誓约。之后，他走到新人面前，用蕉叶蘸水洒下。夫妻二人面对面、头碰头、鼻子对鼻子，交换彼此气息，互赠爱情信物，婚礼就宣告结束。

仪式进行到此，新郎与新娘的心中早已充满了无限悸动，忘情地站在海边拥吻，接受亲友或身边人的祝福。最后彼此牵手，共同奔向蓝色大海。

曾经，歌手猫王在电影《蓝色夏威夷》中演唱过一首动人的婚礼歌曲。多年以后，到夏威夷"结一次婚"已经不是遥远的梦想。未来的某一天，当你回忆起曾经的那段美好，也许会不自觉地笑出声来吧。

梦想即将实现，蓝色的夏威夷。在热情舞动的草裙间，释放最热烈的爱。许下最坚实的诺言，在夏威夷见证一生幸福的起点。

▲ 留尼汪岛上的小路

▲ 留尼汪岛的落日

Reunion Island

留尼汪岛——海水与火焰交织的艺术

英国文豪奥斯卡·王尔德曾说过："一张没有乌托邦的世界地图，是丝毫不值得一顾的。"世界地图上有一个叫"留尼汪"的小岛，可说是一个令人向往的乌托邦。这座海中小岛，风景震撼心灵，人们乐观快乐，万物安然，岁月静好。

留尼汪是西南印度洋中的一个火山岛，与毛里求斯和马达加斯加都相距不远，是法国的海外省。留尼汪拥有许多舒适愉悦的风景，优雅的城市，多元的文化，金色的沙滩，蔚蓝的海水，精致的咖啡厅，颇具风情的酒店，完善的旅游设施，当地人乐观真诚的笑容，还有悠闲的时光。不过，这些几乎每个海岛度假胜地都拥有，并不值得我们在此浪费笔墨，留尼汪真正独特，让人终生难忘的是冰火交织的地质奇迹。

　　300万年前，火山冲破印度洋，岩浆横流，海水激荡，一片新的陆地逐渐构建。这座火山不知疲倦地喷发了几十万年，导致周围的陆地不断下沉，在经年累月的风化和侵蚀后，形成了冰斗这般世间罕有的奇观，这就是留尼汪的冰与火之歌。

　　从海滨前往火山的道路像是一部公路电影，景色层层变换，从大海的壮丽，到牧场的葱茏，再到萨布勒高原的红色，之后便是令人神往的火山。富尔奈斯火山已经有53万年的活动史，如今依然处于活跃期，几乎每年都会喷发一次，最近一次爆发就在2015年2月，而2007年那次"发火"整整持续喷发了一个月。富尔奈斯火山被列为人类历史上十大剧烈喷发火山之一，却也是世界上最安全的火山，它属于宁静型喷发火山，不会爆炸，对当地人和游客没有什么危险，甚至可以静静地看着火红的岩浆流入印度洋。

　　在留尼汪的火山山脉中，经过岩浆和地壳运动的雕刻形成了三个大冰斗，塞拉兹、西拉奥斯和玛法特。冰斗也称盆地谷，是一种三面环以峭壁，呈半圆形剧场状的洼地。留尼汪的三个冰斗中，塞拉兹和西拉奥斯底部平坦，已经开发成当地人生活的村镇。

　　冰斗中村镇秩序井然，鲜花盛放，是真正意义的世外桃源。在18到19世纪，山下庄园里奴隶不堪压迫，逃进山中发现了冰斗中的谷地，并且建立了村庄，过上了世人神往的生活。这里的房屋都是传统的木质结构，房顶和窗户漆成鲜亮的色彩，每家的独栋小楼后面都有鲜花盛开、草木葱茏的庭院。村镇里邮局、医院、学院、超市、商店、餐厅、酒庄一应俱全。村子外是农庄和高山草场。农夫们每天呼吸着山林中新鲜的空气，耕种着山坡上零碎的土地，放养着喝矿泉水的牛羊，生活怡然自得。

　　冰斗中不少居民在山下的海滨城市上班，每天需要经过35千米的盘山公路，这段路十分险峻，被称为"400弯"，需要注意力高度集中驾驶1小时。这看似辛苦的上下班，却为当地人所津津乐道，他们认为每天2小时畅游在大自然的奇景中，同时体验惊险的驾驶正是生活的精彩之处。生活有滋有味的冰斗居民着实令人羡慕，我们要万里跋涉而来，才能在这里做一次形同虚幻的短暂逗留，而他们就生活在神奇的造化之中。

　　在留尼汪，晚上还可以看到绚烂的星空。这里空气质量好，能

▲ 傍晚的码头

见度高，用肉眼就能看到成千上万颗星星五颜六色地密布在深邃的夜空中，叫人赞叹。最疯狂的行动莫过于登上全岛最高的内日峰熬夜看星星、看日出。火山地区的昼夜温差高达25℃，在夜里追星星，需要抵御寒冷、抵御山路的艰险。但登上峰顶，你会发现，在空旷无人的夜里，你感受到了火山最真实的存在。躺在火山岩上，看着浩瀚的星空慢慢过渡到明媚的朝阳，那些转瞬即逝的色彩，全都涂抹在我们心中，成为生命中永远的光亮。

　　火山、冰斗、丛林、大海，与留尼汪无穷的美丽相对应的是，探寻它无穷美丽的十余种方式。直升机、固定翼飞机、跳伞、滑翔伞、骑马、攀岩、溪降、冲浪、潜水、海钓、火山岩洞探险、环岛骑行……飞天、遁地、入海，留尼汪盛满了所有令户外旅行者兴奋的元素，堪称户外运动的理想之地。

❶ 夜幕下的星空

由于留尼汪岛没有任何工业污染，所以该岛也是天文爱好者观赏星空与天体的绝佳之处，甚至不用天文望远镜就可以看到整个南半球的浩瀚星空。

❷ 夜空中闪耀的银河

搭乘直升机环岛游是欣赏留尼汪最好的方式。飞机时而上升到高空，时而穿梭在山谷之间，使你能以最好的视野看到火山、冰斗、山林和大海，带你去接近那些徒步无法抵达的风景。从空中俯瞰，三个巨大的冰斗如同三叶草围绕在内日峰周围，刀削的峭壁划分出清晰的界线。塞拉兹冰斗的铁洞峡谷中，有十几道瀑布飞溅而下，水声轰鸣，清风吹过，金光万点，这时飞机会潜行到嵌沟底部，带你近距离地注视世界最美的十大瀑布之一。飞过已经沉睡的内日峰与洁白的云雾，仍在活跃的富尔奈斯火山就在脚下，我们可以清晰地看到沉默中的火山口，黑灰色的土石烙印着火焰燃烧的痕迹。当飞机贴着地面飞行时，那起伏如同波涛的岩石、四周的寂静与飞机孤独的影子，让我们恍然产生"登月"的幻觉。

在山谷中美丽的瀑布间玩一次溪降，如同在瀑布中轻歌曼舞，美妙而刺激。溪降就是在悬崖处沿瀑布下降的运动，因为有瀑布的冲击，相比一般的岩壁下降更有挑战性。伴着激流的瀑布慢慢下降，水花拍打在身上，身边是苍翠的树木，脚下是长满青苔的石头，你需要全神贯注，在惊险中体验这运动的美妙。

比起山林中的溪降，"地心历险"般的熔岩隧道探险似乎更加神秘刺激。全副武装，打开头顶灯，在专业人士的带领下进入神秘的十几年前火山喷发后留下的熔岩洞，在漆黑潮湿闷热中行走，艰险是必然的，但惊喜也是足够的。银色的钟乳石、小蛇形的石笋……眼前是意想不到的另一个世界。

留尼汪还有丰富的水上运动，水上飞行让你可以像蝙蝠侠那样破海而出飞到海面上10米高的地方；在潟湖中浮潜，缤纷的珊瑚会教你读懂自然的隽永；潜入深海，你会邂逅成群结队从南极避冬而来的座头鲸，看这些撒了欢的大块头怎么嬉戏、求偶、缠绵；出海海钓，你会遇见健硕的马林鱼、金枪鱼、剑鱼和梭鱼，像《老人与海》中那样与鲨鱼搏斗一次也说不定。

Chapter 4

携手去远方，寻找世界的**尽头**

今生要与你相约的100个地方

杭州西湖
West Lake Cultural Landscape of Hangzhou
——水光山色两相宜

西湖的美丽是柔弱的，不然苏东坡也不会把它比作浓妆淡抹总相宜的西子。西湖犹如一个温婉的女子，柔弱而安定地包容着世间的一切。西湖的美丽是纯净的，就像一位素面女子，无须雕饰，清新天然就已然胜过万种风情。西湖注定是一位绝色女子。

只因山与水的结合，历史上众多的文人墨客便醉在了西湖的怀中。

山是青翠的，水是温婉的，西湖的山和水相濡以沫，水在山中，山在水中。西湖中的绿水，波平如镜。环湖的绿荫丛中，隐现着数不清的楼台亭榭，近处水波潋滟，游船点点，莺飞草长，苏白两堤，桃柳夹岸，林泉幽美。远处是云山逶迤，雾霭漫漫，青黛含翠，峰奇石秀。在这种美景之下，在湖畔捧一杯龙井茶，悠悠地

▼ 杨公堤
杨公堤是与白堤、苏堤齐名的"西湖三堤"之一，因由杨孟瑛主持开挖而成，故名"杨公堤"。

▲ 烟波浩渺的西湖

西湖的美在于晴中见潋滟，雨中显空蒙。无论雨雪晴阴，都能成景。

欣赏着美丽的湖、湖上的桥、桥上的人……这份闲情和惬意岂是别处可以寻得？"未能抛得杭州去，一半勾留是此湖"，不论是多年居住在这里的人还是匆匆擦肩而过的旅人，无不为这天下无双的美景所倾倒。

西湖之美，自古难言，深得西湖之真谛的苏东坡亦言："西湖天下景，游者无愚贤，深浅随所得，心知口难传。"欲领略西湖之美，唯"品"之才能得其一二。"品"西湖需多角度方可解其神韵：平望、鸟瞰、远眺、岸边、桥上、亭中、台前、楼下。西湖十景是不能不游的，十景分别是：断桥残雪、苏堤春晓、三潭印月、曲苑风荷、平湖秋月、柳浪闻莺、花港观鱼、雷峰夕照、双峰插云、南屏晚钟。十景各擅其胜，组合在一起又能代表古代西湖胜景精华，半醉烟波之间，一片水波潋滟之景，可谓"岸上湖中各自奇，山舣水酌两相宜。只言游舫浑如画，身在画中原不知"。

旅行·印象

苏堤：为苏东坡所建，横贯西湖南北。南北两头分别是"曲院风荷"与"花港观鱼"。堤上有石拱桥6座。每当晨光初照，宿雾如烟，湖面腾起薄雾时，便出现"六桥烟柳"的优美风景，是钱塘十景之一。

断桥：今位于白堤东端。在西湖古今诸多大小桥梁中，此桥因白娘子和许仙而名声最大。"断桥残雪"为西湖观景中的极品。

▲ 金牛出水

西湖自古有"金牛湖"的美称,这一典故源自一则美好的神话传说。相传在汉代,西湖底有金牛潜伏,每逢湖水干涸之时,金牛即涌现,吐水将湖注满。

  西湖的美在于晴中见潋滟,雨中显空蒙。无论晴阴雨雪,在落霞、烟雾下都能成景;春日里烟柳笼纱,夏日里接天莲碧的荷花,秋夜中浸透月光的三潭,冬雪后疏影横斜的红梅。西湖四季风光各有山容水意,韵味无穷,无论你在何时来,都会领略到不同寻常的风采。

  作家莫小米说,游玩西湖最棒的玩法是从楼外楼租上一艘小船,指点船夫不走大道,偏钻水巷,那西湖景象才让人有茅塞顿开的感觉。这会让一个土生土长的杭州人都惊呼,这是西湖吗?湖中央的芦苇丛

中,水鸟栖息,野趣横生;远眺可见村落粉墙黛瓦,竹林青影婆娑,俨然一幅江南水墨山水画。沧桑岁月留下了恬静和谐,身边游人不多,只闻得鸟飞莺啼。

西湖最经典之处当数三堤之间。白堤古典,苏堤浪漫,杨公堤幽静。踏青来到白堤、苏堤,漫步走在岸边的小路上,沿岸盛开的桃花和刚吐嫩芽的垂柳,微风吹拂着你的鬓发,荫翳摇曳之间,隐现的湖水和远山相映成画。越孤山望断桥,湖光山色游人如织。杨公堤,则有浓郁的湿地风情,两岸都是粗大的梧桐。在堤的西侧,沿着西湖,蔽日的水杉与松木郁郁葱葱,松鼠在林间灵动地穿行,离杨公堤不远,就是恍若仙境的茅家坪,几处农家,一湾小湖,本地的人家在阴凉下悠闲品茗,世间的烦恼,已然遗忘。

西湖之美离不开白居易,离不开苏东坡,离不开辛弃疾与岳飞……西湖之名,固然有美景的缘故,更离不开西湖的历史文化。随步可见的景色传递着岁月光阴,波光倒映着历史变迁。范蠡功成名就,载西子泛舟五湖是多少中国人梦寐以求的至高境界。这里为各色文人提供了一个倾吐块垒的绝佳场地,成了自古文人抒胸臆、诉别离、伤不遇、发牢骚的钟情之地。倒是如此佳境,隐士高人谁曾想过离开?

西湖是爱情的天堂,一段白娘子与许仙的情愫成就了这里的浪漫与多情。在这里,你可以执爱人之手在苏堤上散步,杨柳婆娑,一起等待日出守候日落,可以一起坐在湖滨花园听清幽婉丽的越剧小调,与西湖那一个个流传千古的传说一起沉于历史,变作永恒。

Chapter 4 携手去远方,寻找世界的尽头

◀ 雷峰夕照

雷峰夕照,位于西湖南侧净慈寺前的夕照山上,西湖十景之七,因晚霞照射下的塔身,犹如佛光普照。

▲ 崇圣寺三塔

Erhai

洱海——难以言说的温柔情怀

洱海是一个风光明媚的高原淡水湖泊，它两头窄，中间宽，略弯曲，形如人的耳朵而得名。湖水透明，清澈如镜，被人们称为"玉洱"。眺望湖面，只见一个个孤岛分列水际，沙洲、林木、村舍错落散布，无不令人神思飞荡，遐想联翩。

有人说："洱海从任何角度看都是风景。"

洱海宛如一轮新月，静静地依卧在苍山和大理坝子之间，苍山环着洱海，洱海枕着苍山，形成天然的苍洱风光。"山则葱茏垒翠，海则半月拖篮"，山水相依，空灵的气韵，恰如不施脂粉的素面女子，无法掩其风华丽质，任是哪个丹青妙手也难以描绘出一丝半分的。巡游洱海，岛屿、岩穴、湖沼、沙洲、林木、村舍，每时每刻都保持着自己迷人的风韵和色彩。它不仅有三岛、四海、五湖、九曲之胜，还有三塔倒影、九孔石桥、玉友戏水、金梭烟云、海镜开天、岚霭普陀等美妙奇观。

洱海是一个风光明媚的高原淡水湖泊，它两头窄，中间宽，略弯曲，形如人的耳朵而得名。湖水透明，清澈如镜，被人们称为玉洱。传说在海底生长着一棵硕大无比的玉白菜，这碧波盈盈的湖水，就是一滴滴从玉白菜的心底沁泄出来的玉液。

▲ 洱海小普陀

眺望湖面，只见一个个孤岛分列水际，陡峭的岩崖壁立，湖沼、沙洲、林木、村舍错落散布，无不令人神思飞荡，遐想联翩。极目洱海深处，云水相接，天水浑然一体，不知名的水鸟不时地掠过水面，飞向洱海边的白族村寨，真是船在碧波漂，人在画中游。

有人说洱海是风花雪月之地，此处的风花雪月不同于别处，只是风、花、雪、月，当地白族人民有一首世世代代传诵的谜语诗。

诗曰：

虫入凤窝不见鸟（风），

七人头上长青草（花）。

细雨下在横山上（雪），

半个朋友不见了（月）。

诙谐幽默的谜语充满了白族人的智慧，更透露着他们对洱海的溺爱。风是从下关吹来的，一路毫无阻挡，直吹得上关的莲花都无奈地跑到了大理苍山云弄峰之麓，躲到了树上，铺满了那片山峰。洱海的风很大，绵绵不绝地吹皱了洱海一重又一重碎碎的波浪，又引来了三五只海鸥追逐着翻卷的浪花，"海鸥飞处彩云飞"，洱海上空的云团像棉絮般飘得好慢，静静的让人误以为是流连于水中的倒影而不忍离去！

每个地方都有一轮明月，而月亮爱上了洱海。明代诗人冯时可《滇西记

旅行·印象

洱海公园：在大理市洱河南路向东约1千米处，距市区新桥约二点五千米，是大理风景名胜之一。洱海公园，曾是南诏皇家之养鹿场。洱海公园是观赏"苍山洱海"景色的好去处。

金梭岛：位于洱海东部，四面临水，四周多悬崖陡壁，中部低而南北偏高，形似一只织布的梭子，故名金梭岛。此处是游客观山看海、采风怀古、垂钓荡舟、登山旅游和度假的理想地点。

▲ 美丽的洱海水质优良,水产资源丰富,同时也是一个有着旖旎风光的风景区。

略》说洱海之奇在于"日月与星,比别处倍大而更明"。洱海的夜幕很低很低,湖面上一道浮银摇金的璀璨光亮,从眼前延伸到天边,月亮仿佛是刚从洱海中浴出,清辉灿灿,格外地大,格外地明,格外地圆。

在洱海最南端的团山有一座洱海公园,是观赏"苍山洱海"景色的好处所。百里洱海奔来眼底,下关风吹拂起衣襟,到洱海不动情者少矣。那一刻,你会感觉到自己静若处子,心里有一种如释重负般的轻松与超脱,那一刻想就在此安居吧,不然自己只是这风花雪月的过客,离去难以割舍。

洱海上散落的小岛也是佳景,金梭岛、南诏风情岛、小普陀……这些孤岛上都有白族渔村。20世纪50年代著名的电影《五朵金花》就是反映这里的生活。岛上,一片片别致的民居错落有致地排列着,尽管在海岸和岛上有他们的房舍,但他们仍习惯于全家老小一块儿生活在船上,一年到头过着漂泊的生活,可谓"水上人家"。然而,他们热爱生活,自得其乐,一点不感到寂寞。

岛上的沙滩洁净而舒适,坐在上面醉在这洱海的情澜里,软软地看山、看云、看海、看渔女,难以言说的温柔情怀就这样散在了洱海的柔柔的风声里。

Tibet

西藏——爱在离天堂最近的地方

西藏，一片高原上的净土，转一座山，绕一面湖，每一步的艰辛，对应的都是人们内心的安详与光明。

穿过层峦叠嶂的日子，终于决定去往那片清澈高远的土地，寻找心灵的源泉或是治疗爱情的伤痛。西藏之旅对于很多人都是一件庄重的事，决心已定，便唯有安静地等待。等待脱离平日生活的平原，进入雾海，穿过云层，四周开始变得空阔，天格外湛蓝，遥遥地望见雪山神秘的踪影显现，那梦中遥不可攀的青藏高原已在脚下。

来到西藏甚至不需要说话，尘世的繁杂已经远去，能够做的便是安静地行走，用心灵去触摸这明净清澈的天光水影。在这里，面对至美，灵魂被涤荡，人们唯有接纳洗礼，所有的惊叹都显得多余。

拉萨坐落在美丽的拉萨河北岸，远远地看去，好似黎明之后的露珠镶嵌在荷叶上。而蓝天仿佛是刚挤出的颜料，还未来得及调和。人们热爱这条河，就像热爱自己的母亲一样，在河的两岸，人们尽情放松自己，恨不得将自己在那一瞬间完全融入碧绿的河水中。青翠的水鸟轻轻地点一下平静的水面，荡起一圈圈涟漪。

拉萨是灵动的城市，有佛一样的胸怀，西天一样的境界。拉萨是朝圣者的天堂。对于这片地域的纯净，游客能够观望，并获得内心的安宁，却不能打破它原有的秩序。站在拉萨的大街上，短暂的春天里浮动着隐约的花香，远处雪

▶ 拉萨八廓街

八廓街上聚集着来自藏区各地的信众，他们中许多仍穿着传统的藏服，手持念珠与转经筒，展现着这里古老而传统的生活方式。

Chapter 4 ● 携手去远方，寻找世界的尽头

>> Look |135

山皑皑，在阳光下熠熠闪光。布达拉宫的宏伟、大昭寺的金碧辉煌……在这庄重的氛围中，拉萨无处不在的是超脱与宁静。

夕阳下的那个长长的队伍转眼就消失了，只留下一排排千年历史的小屋，也许它们才是这座城市的真正主人。拉萨又下起了雨，不知道什么时候还能在这样的地方再淋一次雨，享受来自青藏高原的清宁与圣洁。生命中所有的欢乐和兴奋都在这时候化为雨滴，在空气中跳跃着，穿过那个千年一梦的时光隧道，化为数不尽的轮回。

拉萨附近有天然的温泉，在温泉周围升腾起的氤氲水雾中，人常常被淋湿。拉萨也喜欢下雨，但是这远在天边的雨究竟是什么样子，必须亲自淋一次才能知道。拉萨的雨似乎不是从天而降，好像是从地下升腾出来，从激情澎湃的内心奔涌而出。

高原的天气有些清寒，喝上一碗酥油茶是一件非常惬意温暖的事。大昭寺附近有一个仓姑寺甜茶馆，是个尼姑庵，位于八廓街上。这个茶馆是尼姑们所开，酥油茶味道十分纯正，价钱低，三三两两的游客坐在这里喝茶休憩，计划着更远的旅程。

走出拉萨，去往更加偏远的地方，戈壁滩、广阔的河流、黄色的草原、犹如神女下凡的五六千米高的雪山，在远方连成一片。在西藏，有无数璀璨的圣湖与雪山相辉映，翡翠色的湖泊，湖水蓝得赛过世间最透亮的宝石。水草丰美的平原上，藏族小姑娘赶着白云一般的羊群走过，有着行云流水、天地悠悠的永恒安详。

纳木错是西藏的三大圣湖之一，每一个到过纳木错的人，整个灵魂都会被纯净的湖水所洗涤。清澈的湖水映着湛蓝的天空，皑皑白雪覆盖的雪山环绕四周。羊年转湖，马年转山，猴年转森林，据说这是佛祖的旨意。每到藏历的羊年，纳木错便有盛大的转湖节吸引着无数的朝圣者。而到马年，人们怀着一颗虔诚真挚的心去往

▲ 布达拉宫

布达拉宫是"世界屋脊"上的明珠、拉萨的圣地、朝圣者的心路归宿。那斑驳的大门，峻拔的石阶，留下的是历史的沧桑，岁月的烙印。

▲ 甘丹寺

甘丹寺是藏传佛教格鲁派的祖寺，与哲蚌寺、色拉寺合称"拉萨三大寺"，清世宗曾赐名为"永寿寺"。

▲ 纳木错迎宾石

神山冈仁波齐，转一圈神山，认为可以洗净一生的罪孽，一切的世俗尘埃都会在顷刻间消亡，犹如一只饱受尘世创伤的小鸟重新获得了洁白丰满的羽翼。

在春暖花开的高原，满山的野花色彩缤纷地铺撒在岩石上、草地上、林子间，幸运的游人或许会看见高原最具灵性的藏羚羊，它们穿过草地，涉过溪流，从容优雅地消失在眼帘。只剩微风裹挟着花香，像一个多情的姑娘突然回过身来对你微笑，一圈圈涟漪从她的笑容中荡开，又在如镜的湖面上沉淀芬芳。

藏南的春天来得更早，森林与冰川相衬，碧海与雪山相照，黑牦牛白绵羊游动其间，自然成天地一盘棋，而放牧人是那逍遥的观局之人。与世无争的牧民看见经过的游人，会友善地招呼摆手，姑娘们灿烂地笑，小孩子好奇地围

迎宾石又被称为"纳木错的门神"。相传纳木错是一位女神，她掌管着藏北草原的财富，所以当商贩外出做生意时，必先来到此地祈求门神，在得到门神的同意后方可朝拜纳木错，以保生意兴隆。

着你转。大多牧民会热情地邀请游人做客，在有些昏暗的灯光下喝浓浓的酥油茶，吃着味道奇特的糌粑或者是藏民自己从山上采来的新鲜菌子，在主人灿烂的笑容中，能够体会到幸福原来就是这样简单且富足。

夜幕降临了，大昭寺敲响了晚钟，这时虔诚的人们都会闭上眼，回忆一天来发生的事情，感谢这座神圣城市赐予的无限温存。时光如过眼烟云，何况是在这沐浴着雪域光芒的西藏，这离天堂最近的地方。

▲ 漓江上的渔夫

Guilin

桂林 —— 如歌的行板

桂林，一个被时光之手用亿万年精耕细作而成的岩溶仙境，一幅自古便享有"山水甲天下"盛名的水墨画，一座因为刘三姐闻名于世的传奇小城，一片被壮族歌舞和美酒渲染得淋漓尽致的山水。

▼ 桂林日月塔

这座地处中国广西壮族自治区东北部，湘桂走廊南端的城市，因其典型的喀斯特地貌而闻名。千峰环立，一水抱城，象鼻山、七星岩、漓江……这些被中国乃至世界游客口口相传的风景都如同一个个音符，隐匿在亦真亦幻的山水丛林里。而桂林，这如歌的行板，正在缓缓浅唱着令世人无限向往的岁月。

电影《刘三姐》中时而高亢嘹亮，时而轻回低转的山歌唱出了壮族男女被这山水孕育出的纯真质朴。"花针引线线穿针，男儿不知女儿心，鸟儿却知鱼在水，鱼儿不知鸟在林。"刘三姐摆弄着寄予爱慕和思念的绣球吟唱着，这样的爱情里全无埋怨与猜忌，只有满满的甜蜜。"入山莫怕虎狼多，下海莫怕蛟龙恶，剥下龙鳞当瓦盖，砍下虎头当柱脚。"尽管是女儿身，刘三姐却用自己的果敢机智战胜了财主莫怀仁。在电影中，一切都那么轻松美好，一切都要放声歌唱，就连与恶人斗智斗勇，乘着小船在江中逃亡都犹如一次新奇的冒险。

但电影中最让人回味的还是那段无数国人都耳熟能详的《藤缠树》，三姐的美丽与温柔、阿牛的坚定和腼腆被表现得淋漓尽致。电影拍摄于20世纪中叶，但那些在如今看来尽管有些粗糙的妆容和过时的表演方式，仍然能将我们拉回那个一去不复返的纯真年代，更能唤起人们对桂林这个充满传奇的城市的向往。

来到桂林，无论你和挚友、爱人还是陌生旅伴一同徜徉在漓江上，都能轻易感受到置身于天光云影中的惬意。极目远眺，看到的是没有尽头的墨绿色江水和缓缓映入眼帘的层峦叠嶂。倚靠在小舟上，沐浴着晨露的芬芳，云朵随你一路顺流而下，阴影缓缓倾泻，伏波山、独秀峰、叠彩山依次被浓荫染成了黛色。

登上龙脊梯田的石板山路，在湿润而清新的空气中深深呼吸，从心跳到眼神，甚至每一处末梢神经都得以舒缓。此时此刻，你突然发现自己不再是一个俗事缠身的人，之前的所有伤痛在这里都变得微不足道。内心深处突然有音乐叮咚响起，轻快的、缓慢的、柔软的、火热的。细细聆听，你会发现那是一首只有你能听懂的山歌。在歌声里，你倏然放下无法释怀的过往，抖落了一地回忆的尘埃。那是因为，心在这如歌的行板中得到洗礼，看看身边的人，才发现原来人与人之间的淳朴真挚并不只出现在老电影里。

如果你只是一个人，那就尽情享受这难得的自由自在吧。背起背包，去阳朔。夜色温柔，阴雨散尽，空气里氤氲着令人沉醉的悸动。西街上总是人潮汹涌，老旧的石板路两旁是一间又一间风格迥异的酒吧，不同肤色与面孔的游人穿梭其间。沉浸在这微醺的氛围中，你和偶遇的人相视而笑开怀畅饮，说起从未说出的秘密，突然不知孤单为何物。

或是选一个热闹的旅舍住下，摆弄客厅里的老旧什物：风琴、唱片、信笺、原版书；在柔软的灯光里听听来自世界各地的旅行者指手画脚地讲他们的故事。深陷在被蜡染布包裹的沙发里，种下一个小小的梦想——你会选择留在这个美丽的小镇开一家属于自己的咖啡馆、杂货铺，还是再次起程，让回忆的某个部分永远栖息于此？

来到桂林，不管你只有零碎的观光时间还是整个悠长假期，不管你带着什么颜色的心情抵达此地，漓江的山水画卷中，象山公园的石林仙境里，登顶龙脊梯田的艰难攀爬与风景壮美，阳朔西街上安闲惬意的大隐于市……都能让你找到属于自己的独家旅行记忆。

▲ 蒙古包前成群的绵羊

▲ 草原上用来搬运的推车

Hulun Buir Grassland

呼伦贝尔草原——不可抗拒的和谐

呼伦贝尔是一个充满云水柔情的名字。呼伦贝尔草原是一个美丽哀婉的传说。来到这里,你会迷失,忘了时间。呼伦贝尔草原是上帝造化的一方净土,是希冀中的天上人间,是我们不经意撒手失去而又千方百计觅回的理想家园。

一处风景如果只是景色未免略显单薄,而呼伦贝尔草原就不仅仅只是一处风景,它还是一个灵动的空间。这片绿色的净土,滋养着这里的生灵,承载着牧民们浓浓的期望。

呼伦贝尔草原是世界最著名的三大草原之一,被誉为中国最美、最纯净的草原,地域辽阔,绿波千里,犹如一幅巨大的绿色画卷,无边无际。草原上,星罗棋布的湖泊像美女低垂下的泪滴。蓝天白云、弯弯河水、茵茵绿草、群群牛羊、点点毡房、袅袅炊烟,清新宁静。置身在美丽的大草原之中,人的胸怀陡然开阔,躺在绵绵的草甸上,心是那么悠远,飘入了天际。

有人说呼伦贝尔草原的风景在路上,而不在要去的地方。漫步在草原的花海中，那种柔软而富于弹性的感觉非常美妙。在草原上是少不了骑马前行的。手执马鞭，策马徐行，抬眼望去，"天苍苍，野茫茫，风吹草低见牛羊"，绿草与蓝天相接处，牧人举鞭歌唱。一路看不尽走不完，重重叠叠的绿，随着天色的变化、云彩的飘动，产生或浅或深的变化、层层涌向远方，直至天边。如果你不懂得什么才是真正的辽阔，来到这里就能体会到辽阔的内涵。

有人说呼伦贝尔草原是河流的故乡，三千多条纵横交错的河流在这里九曲回环，其中最壮观的当数被老舍先生誉为"天下第一曲河"的莫日格勒河。河床如刀砍斧凿，曲曲折折地镌刻在平坦的草原上，铿锵的节奏和跌宕的旋律击破了草原的空旷和静谧。据说这段跨度为150千米的曲河伸直了大约有1500千米，看来也是舍弃不了这绿色的草原。

呼伦贝尔草原上的点点湖泊也值得一观，尤其是草原深处一汪宽广的呼伦湖呈现着与草原相映的无限柔情。草

> ### 度假便利帖
>
> **地理位置**：位于内蒙古呼伦贝尔市，因其旁边的呼伦湖和贝尔湖而得名。呼伦贝尔草原东起大兴安岭西麓，西邻中蒙、中俄边境，北起额市根河南界，南至中蒙边界，东西300千米，南北200千米，总面积约10万平方千米，天然草场面积占80%。
>
> **气候特征**：呼伦贝尔年平均气温为-5℃~2℃，属寒温带和中温带大陆性季风气候，昼夜温差较大。
>
> **最佳旅游时间**：6~8月最为合适，此时草原上水草丰盛，气候宜人。

原像海，呼伦湖也像海，碧波浩渺。漫漫无边的水域，栖息着天鹅、仙鹤、白鹭、秋沙鸭以及许多叫不出名的水禽，飞起飞落丝毫不惊，让人如入神话般的境界。

来到呼伦贝尔草原，不妨做一天牧民，体会一下原始、淳朴的蒙古风情。历史学家翦伯赞曾说过：在莫日格勒河畔，有一个"金帐汗蒙古部落"，金帐汗部落的布局，就是当年成吉思汗行帐的缩影和再现。在这里可以住进自己亲手搭建的蒙古包，可以品尝亲手宰杀的牛羊，喝一杯醇香的奶茶和美酒，吃一顿鲜嫩的手抓肉……

无边的云，无边的绿，无边的水，无边的呼伦贝尔草原，蕴含着无边的韵味。

▼ 呼伦贝尔草原上生活的蒙古族牧民

▲ 草甸

Andes Mountains
安第斯山脉——南美的脊梁

若把美洲大地上匍匐纵卧的科迪勒拉山系比作母亲，那么，安第斯山脉与落基山脉便是母亲膝下的两位同胞兄弟。经过亿万年的海陆变迁，两位同胞兄弟在无数日出日落晨昏间沧桑转身，终于站成美洲大地上两道最壮丽的风景。

与落基山脉获称"北美的脊梁"一样，安第斯山脉丝毫不让兄弟，铺展开庞大躯体一路突进，巍巍然然地在南美洲西部筑成另一条"南美的脊梁"。

安第斯山脉似乎比兄弟多了万丈豪气。从长度来讲，它号称"世界上最长的山脉"，从北到南跨越委内瑞拉、哥伦比亚、厄瓜多尔、秘鲁、玻利维亚、智利、阿根廷等国，全长八千九百余千米，比落基山脉几乎长出一小半，比喜马拉雅山脉还长出了三倍半。从自然景观来讲，落基山脉以四大国家公园与三大省立公园为主，处处画地为牢，孤芳自赏，露出一种雍容与傲气；而安第斯山脉却顺着万里山势一气儿挥洒出火山、冰川、湖泊、河流等美景，根本不做任何保留——

❶ 高山生态环境
❷ 托雷德裴恩国家公园
❸ 菲茨罗伊峰

怎么看，它都比同胞兄弟多了点肆无忌惮，多了点豪放之气。

无数恢宏壮丽的自然奇景就这样潇潇洒洒地呈现在世人面前。

安第斯山脉的顶端挺立着一座座尖削陡峻、冰清玉洁的巍峨雪峰，它们的平均海拔为3660米，超过6000米的高峰即有五十多座。最高峰是那座位于阿根廷境内的阿空加瓜山，海拔6962米，它是世界上最高的死火山。另一座尤耶亚科火山海拔6723米，位列世界最高的活火山。两座山峰如高高在上的威严将领，俯视着脚下的南美大地，在它们周围，汉科乌马山、哥多伯西峰等系列山峰则像列队士兵般，以冰雪为剑，以大地为基，千年如一日地共同撑起这道南美的脊梁。

壮阔无边的冰雪美景中，最耀眼的就是莫雷诺冰川了。它是现在地球上冰雪仍在向前推进的少数活冰川之一，这座巨大的冰体正面宽4000米，高60多米，长约34千米，至今仍在缓慢地向前移动，沿途经过的南洋杉、山毛榉等高大林木全被淹没。如果哪位游客能有幸站在高处的观景平台上，准会被眼前的壮观景象惊得屏住呼吸：那笔直如削的冰川正面，那裂隙无数的冰川顶部，经过强烈阳光的映射，呈现出炫目逼人的闪闪银光。最令人惊心动魄的美景是冰川大崩塌。当巨大的冰块发出雷鸣般的轰响，从几十米高处坠落，激起的波涛也蹿起数十米高，就像发生了一场小小的海啸。只是这般壮观浩荡的场面并不容易见到，三四年才会见到一次。

的的喀喀湖是南美洲地势最高、面积最大的淡水湖，也是世界最高的大淡水湖之一。因为位于玻利维亚和秘鲁两国交界的科亚奥高原上，它被称为一颗"高原明珠"。的的喀喀湖所幸处在

旅行·印象

安第斯山脉全长约8900千米，是世界上最长的山脉，属科迪勒拉山系，从智利的最南端合恩角，穿过阿根廷、玻利维亚、秘鲁、厄瓜多尔和哥伦比亚。安第斯山脉从南到北分为3大部分：南安第斯，包括火地岛和巴塔哥尼亚科迪勒拉；中安第斯，包括智利和秘鲁科迪勒拉；北安第斯，包括厄瓜多尔、哥伦比亚和委内瑞拉（加勒比）科迪勒拉。

天然屏障安第斯山脉之中，阻隔了冷气流的侵袭，故而终年不冻。这座湖泊水色淡绿，清澈明净，阳光仿佛能映入水底。若有印第安人驾着一叶扁舟驶入，本来安然静谧的湖水会被搅起层层水光。放眼望去，湖岸蜿蜒曲折，湖畔水草丰美，太阳岛、月亮岛等41座大小岛屿星罗棋布，为的的喀喀湖增添了不少美妙之处。

掠过了自然美景，再来看一眼先民留下的文明遗迹。安第斯山脉早就出现过人类足迹，具体年代今人已无法考证，从马丘比丘这座古城即能得知：这里的居住者可能是离我们最近的古代先民。

马丘比丘被称为古代印加帝国的"失落之城"，其实就是坐落于山巅之处的石头城。古城遗址外围是层层梯田形成的农业区，城区则由200座建筑和109个连接山坡和城市的石梯组成。这里的每处建筑都由巨石垒砌而成，那些石头都打磨得十分光滑，石块与石块之间没有任何黏合剂却严丝合缝，甚至连薄薄的刀片都插不进去。很难想象，当时缺乏先进器具的印加人是如何筑成这样一座位于山巅之上的辉煌城市的。当年的祖辈先民们像是刚刚撤走，那升腾而起的云雾就是他们消失的地方吗？历史距离我们竟然这般近，近得仿佛伸手一抓，

便能满满抓一把清新的古代空气。

瑰丽壮美的自然奇景与神秘莫测的古城遗址在安第斯山脉上交相辉映。谁也说不清这条南美的脊梁里到底隐藏着多少美丽与秘密。倘若有一天,命运之神将前往安第斯山脉的机会摆在你面前,你不必选择去与不去,只需认定:在到达的那一刻,是仰望还是深入?

▲ 科尔卡峡谷

科尔卡大峡谷横穿安第斯山脉,全长90千米,深达3400米,为南美羊驼和诸多安第斯山动物提供了栖息地。

▶ 安第斯山脉羊驼

羊驼原产于南美洲,属骆驼科,其毛浓密,比羊毛更柔软轻盈,素有"软黄金"之称。正是这身名贵的绒毛为羊驼惹来杀身之祸,16世纪后期野生羊驼被人类捕杀殆尽,现有羊驼为一千多年前驯化羊驼繁殖的后代。

▲ 高远的蓝天、安静的湖泊、薄纱般的水雾,恰如人间仙境。

The English Lake District

英格兰湖区——是画,是诗,是天堂

在 英格兰的北部,水是这里山峦和田野的灵魂,润泽着这里的一切,自然也包括人们被现代生活扰动和伤害过的心灵。这里的山山水水都被湖畔诗人深情地吟咏过,几乎可以作为文人、画家写生的绝佳去处了。

如果不是亲眼看到,也许没人会相信,原来一个诗人的诞生,也和植物一样,需要充足的阳光、空气和土壤。这里是美丽的英格兰湖区,这里就是传说中艺术家们捕捉灵感的天堂。

很久以前,英格兰湖区只是个名不见经传的地方。然而伴随着人们对于"湖畔派"诗人华兹华斯的崇尚和热爱,英格兰湖区随之跳入人们的视线。海明威曾对西班牙潘普洛纳情有独钟,画家们曾对大溪地爱戴备至,梭罗曾对瓦尔登湖钟

▲ 湖区的小小港口

爱有加……不知究竟是人物成就了地域，还是地域造就了人物。

车子一路辗转，在众多英格兰小镇中疾速穿越。视线中不断呈现出风格雷同的建筑，相同的房屋，相同的街道，相同的商铺……多希望能有什么别致的风景可以享阅，而恰恰在这样的时候，湖区景观垂入眼帘。

一片又一片连绵的山峦衬托着眼前整齐有序的农田，所有水色，都是让人惊艳的蔚蓝。渐行之处，清澈的小溪温柔细腻，悦耳的水流声牵曳着房屋飘出的炊烟，鼻子中不自觉地吸入山林自然清新的空气，整幅画面，让感官充满了欣喜与愉悦。

有人说，湖区是整个英格兰人最引以为傲的风景，这50千米见方的山区，共有16个大小不等的湖泊。英格兰湖区经常被人们亲切地称作"诗人湖区"，"湖畔派"诗人的事迹，更是被人广为传颂。相传，华兹华斯出身律师家庭，与柯律治等同被称作"湖畔派"诗人的领军人物，他开创了英国文学史上的浪漫主义时代。他一生都居住在英格兰北部的格拉斯米尔湖区，无论晴天或阴雨，他都会在湖边散步，在秀美的风景中捕捉灵感，为思想插上飞翔的羽翼。他是一位多产作家，《抒情歌谣集》中，每一个字都悠然典雅，却隐含着强烈的感情，一如他散步的湖泊——格拉斯米尔湖。

华兹华斯拥有一双与众不同的眼睛，他的瞳孔中，印着湖区的整片风景。那个久远的年代，也许人们对于自然的欣赏还只停留在普通的认识之上，可是华兹华斯却为人们打开了一扇窗，窗外，彩蝶飞舞，花朵芬芳。

在50千米见方的山区内，想要一览格拉斯米尔湖区的容颜，需要小费一番周折。整个行程从这个山间青年旅馆开

旅行·印象

英格兰与苏格兰的区别： 英格兰人主要是盎格鲁-撒克逊人。苏格兰人主要是凯尔特人，苏格兰的名字来自一支叫苏格底的部落。尽管两个地区现已合并，但是苏格兰依旧保持着较多的传统，以区别于英格兰，例如高地步兵团的仪式制服依旧是苏格兰裙。

始，正式进入倒计时。

青年旅馆距离格拉斯米尔湖有一千多米的山路，徒步是最佳的穿越方式，沿途可以看到开满小野花的草地和朴素的英格兰农民，可以真切地投入这片孕育诗人的大自然。

悉心观察这个山间旅馆，它似乎也沾上了湖区的灵气，浅浅的青苔爬满石墙，别致的烟囱里不时地飘出袅袅青烟。夜幕降临，偶尔会透过房间的窗户看到外面像甲壳虫一样开着探照灯的汽车徐徐爬过山路，之后，湖区再次进入深度睡眠。

有人比喻说，如果英格兰高原是一道主菜，那么英格兰湖区就是主菜后的甜点，一个让人轻松的小品文。这样的比喻，实在贴切。

格拉斯米尔是甜点中最特别的一品，它是一个小湖的名字。同时，这里还是诗人华兹华斯的故居。眼前的湖区与当年华兹华斯散步的地方别无二样，平静依然，美好依旧，没有任何后期加工与装饰过的痕迹。的确，湖区的美丽也许不能称为举世无双，但其天然归真的姿色却实属上乘。

乔治·吉辛在他的《四季随笔》中写道：

如果国外来的陌生客人要我指出英国最值得观看的东西，我首先要考虑他的智力。

如果他是普通水平的人，我可以向他指出大伦敦、"黑乡"、南兰开夏郡，以及可以显示我国文明其他方面的地区，使他惊奇与美慕。

如果他是一个有脑筋的人，我乐于带他到中部或西部地区看看古代村落。它们距离火车站有些路程，在外表上还没有受到我们时代较为下贱的倾向的影响。在这里，我可以告诉他，他看的一些东西，只有在英国才可以看到……

但凡来到湖区观光的游客，大多会选择温德米尔湖，然而与它的热闹繁华比起来，格拉斯米尔湖更显出一份悠然静谧的气息。行走在湖边，可以看到大大

▲如果它没有名字，我们可以叫它"云的召唤"。

▲碎石垒砌的乡间小桥，全身都泛着粗犷之美。

▲ 夜幕下静谧的港口

小小样式不一的帆船。柔和的风吹过湖面，仿佛一剂宽慰人心的良药，瞬间便让人们的内心安静下来，顿时，湖区上空仿佛只剩下人们的呼吸声以及空气轻轻流动的声音。

　　踏上湖边那个用根根原木搭建起来的小小码头，一直走向湖水中心，如临仙境。周围是环抱着的青山碧水，头顶是广阔湛蓝的天，阳光穿透低低的云层照射至湖面……闭上眼睛，我们听听华兹华斯的忧郁的歌唱吧：

《水仙花》
我好似一朵孤独的流云
在山丘和谷地上高高地飘荡
忽然间
我看见一群金黄色的水仙花迎春开放
在树荫下　在湖水边
它们随风嬉戏　随风波荡
连绵不绝　如繁星般灿烂在银河中
闪闪发光
它们沿着湖湾的边缘
延伸成无穷无尽的一行
……

冬季，落基山完全是雪的天下。

Rocky Mountains
落基山脉——心灵庇护之地

那是一个承载着原始与纯净的地方，也许只有那样的地方，才担当得起如此厚重的深情。一如《断背山》中的绝唱，在离开后的日子里，让人不由自主地想念，甚至忧伤。

加拿大，一丝荒凉，一丝单调，却穿透某种深刻，就像落基山脉中的石块，沉甸甸的分量，连心脏都感受得到。神秘莫测的极光，热情好客的牛仔，景是静的，人是动的，天人合一，让人着实难忘。

将50个瑞士合在一起，才能得到一座落基山脉。落基山脉四季阳光普照：春天，山谷中百花齐放；夏天，树荫庇护下，凉爽异常；秋天，山中层林尽染，颜色缤纷；冬天，湛蓝的晴空、清新的空气，一切都显得那么美好。在落基山脉远足，就好像一次灵魂的洗礼，走过之后，会觉得自己如新生的婴儿，纯净通透。

行走在落基山脉的任何一个季节，都可以看到长青的原始森林。静谧的河谷

悄无声息地上演着自己的美丽，瀑布、温泉相互依偎，甚至史前时代的冰川，也加入这和谐美好的景色之中。芬芳的野花开满冰川雕琢过的山崖，在阳光下绽放出耀眼的美丽。

落基山脉没有科罗拉多大峡谷那样壮观，没有尼亚加拉大瀑布那样惊心动魄，可是它却细腻异常。每行一步，都会让人心中充满喜悦。那种喜悦来自平和，能持续很久。

位于加拿大南部的艾伯塔省和不列颠哥伦比亚省的落基山国家公园群，早在1984年便被联合国教科文组织列入自然遗产名录。整个公园群面积有23401平方千米，包括班夫国家公园、贾斯珀国家公园、库特奈国家公园和约霍国家公园以及罗布森省立公园、阿西尼伯因山省立公园、汉伯省立公园。这些公园是落基山脉中最为美丽的地区，不仅有丰富的动植物，还有着1909年发现的位于菲尔德山附近的化石储存地。

行走在这里你永远都不会感觉单调，无论是动物还是植物，总会在这里向你友好地打招呼。

班夫国家公园是加拿大的第一大公园，它位于艾伯塔省西南部与不列颠哥伦比亚省交界的落基山东面。在班夫，一串由冰川孕育成的湖泊在落基山的映衬下闪闪发光，比珍珠更美丽，比钻石更闪亮。

1858年，地质学家赫克托博士在落基山脉考察鲍河河谷，在牵马过河时胸口被重重踢了一脚。向导发现他的时候以为他已经死去，刚要将他埋葬，他却及时地睁开眼睛，提前结束了自己的"葬礼"。由此，这条河源处的山口被他命名为"马蹄"。鲍河河谷穿越班夫公园内多处湖区，在1885年设立温泉保护区时的面积只有26平方千米，现在却达到了6680平方千米。在公园内，冰河、冰峰、冰川以及各种高山草原、温泉溪谷一一呈现，奇峰秀水堪称北美冠军。

多处美丽的湖泊一直温情地点缀着落基山脉，将山脉装扮得生机勃勃。路易斯湖是中东湖泊中被公认为最美丽的一个。它位于班夫公园的中央，距离班夫镇五十多千米。人们赞美它为"维多利亚冰原下的翡翠"。加拿大人更是视其为国宝。

▲落基山脉中的母子情深。

其实路易斯湖并不大，长约2400米，宽约500米，深90米，然而，它所呈现出的秀美景色，却让所有看过它的人为之动容：整齐的树林从湖边一直向上延伸到山腰，湖北面两座山峰的山坳间，一座海拔3463米高的巍峨雪山向远方伸展开来。这便是著名的维多利亚女王山。

因为雪山常年积雪，范围大且厚，所以才有了山脚下路易斯湖中极为清澈的水质。阳光下，湖水自由地变幻着色彩，一会儿湛蓝，一会儿碧绿，与周围清澈的冰原和葱郁的树林相得益彰。花儿在美景中竞相绽放笑脸，为其平添几许绚烂。

▼在这里，哪怕是骑着山地车，也会显得饶有兴趣。

在湖边远足，将一尘不染的空气吸入肺中，这绝对是大自然赐予人类最为珍贵的健康大礼。难怪有人无比感慨地说，在路易斯湖边散步一次，可以延长三年的寿命！湖光山色中，登山、攀岩、垂钓，每逢冬日来临，还可以在湖面滑冰，在山坡滑雪，这样的生活，美哉！

弓箭河是班夫国家公园境内最长的一条河，源头位于北边的弓箭湖。弓箭河流域面积有2210平方千

▲ 在云海和白雪的怀抱中，落基山脉显得更加雄壮。

米，其中，弓箭河山谷有着重要的影响，这里的水流最终将流入大西洋。很早以前，印第安人在此居住，他们过着游牧打猎的日子。他们将河岸两旁的道格拉斯丛林砍下来制作弓箭，于是这条河便被称为弓箭河。

每到炎炎夏日，便能看到班夫公园内的野草莓和蓝草莓疯狂地生长。黄色的冰川百合迫不及待地冒出头，到处开满美丽的花朵。班夫公园里有着种类繁多的野生动物，光是鸟类就多达225种，大到秃鹫，小及蜂鸟。另外，还有53种哺乳动物，黑熊和灰熊尤为著名。

在班夫镇和路易斯湖中间，城堡山也是个极具特色的地方，它的外形像极了德国的城堡，远远望去，十分壮观。每当金色的阳光洒在石壁上，那被镀了一层金色的城堡山更显得华丽异常。整个场景，如临梦境，似幻似真。

落基山脉就是这样动人的地方，细腻、温柔，充满了乐趣。落基山脉的美丽，让人的感官在游走中逐渐苏醒，一种体验的快乐就这样散布在身体的每个角落……

Kilimanjaro

乞力马扎罗——赤道雪山，天神寓所

喜欢海明威的人神往这座非洲人的母亲之山而绝不仅仅只因为她是赤道雪山和非洲最高的山峰。那部名叫《乞力马扎罗的雪》的小说里，作者倾注了太多一个现代人对着这座亘古有之的山峰的心灵剖白，这样的剖白伤感而迷人，以至于会让人对这座休眠中的火山产生一种精神上的思归之想。

把目光停在铺开的世界地图上，我们就会发现非洲大陆就像一条向南欲要驶离苦难人间的大船，而它的帆就张在乞力马扎罗那里。对此，海明威写道："乞力马扎罗山高大、雄伟，炫目地矗立在阳光下。"乞力马扎罗顶着皑皑的白雪矗立在赤道上，这给人们带来了困惑：赤道地带终年炎热为何会有雪？周围尽是平地的草原，又何以眼前突兀现此峰？

▼ 草原与远山相接

乞力马扎罗山具有顺序相继的几个植被带，其组成为：周围高原的半干旱的灌木丛、南坡水源充足的农田、茂密的云林、开阔的沼地、高山荒漠、苔藓和地衣的共生带。

▲从空中俯瞰，乞力马扎罗山的雪峰成了飘浮在云海中的孤岛。主峰沉积了几千年的积雪，使乞力马扎罗山成为世界各国探险家的天堂。

　　关于乞力马扎罗，在坦桑尼亚的民间有一个神话广为流传。天神要在这座山上为此间的百姓祝福，却遭到山中妖孽们的破坏。妖魔们点起大火妄想以此驱走天神，天神勃然大怒，以大雨浇熄了烈焰，又唤来冰雪将火焰的洞口死死封住。这个神话跟其他类似的许许多多以正直大能的神灵和邪不胜正为主题的神话在精神上是一致的，代表着坦桑尼亚人对于罪恶的抵制和对美好光明事物的憧憬，也给这座山笼罩上了一层神秘的色彩。

　　山是活火山，在它冰雪的头盔下，至今仍有一些微妙的火山活动发生着。想到这一点，欣赏它的庄严静穆、深沉高远的同时，我们亦会感受到在它鼓鼓的胸腔里那自由奔流的血液和那怦怦作响的心跳，也仿佛听到那满涨的帆里呼啸的风声，在召唤它脚下的那头睡狮、那片草原、那个有着黑面孔的民族去一道航海。

　　没有人说得出来乞力马扎罗的准确高度，这座山含着一种让人测不准的精神。有人说有6011米，有人说5895米，还有其他的说法可谓纷纭，但总之可以确定的是，近乎6000米。在地质气象学上，人们认为海拔每升高100米气温就会降低0.6℃，那6000米的高度气温会降多少摄氏度？难怪山上要下雪了。不同的高度上有不同的温度，不同的温度

▲ 大象是乞力马扎罗山的常住"居民",它们往往构成这里一道美丽的风景。

则意味着不同的降水和不同的植被,而不同的植被又养育不同的动物。从山脚到顶峰会经历5个迥然相异的温度带,而攀爬这座山的过程带来的感受也就像从赤道走到了北极,可想而知,这是何等神奇的事情!在《阿房宫赋》里杜牧曾经写过:"一日之内,一宫之间,而气候不齐"。这样的描述对阿房宫来说,自然是过誉了,可是以乞力马扎罗而论,"一日之内,一山之间","气候"诚然是"不齐"的。

乞力马扎罗在山脉不多的非洲自然是最高了,基博峰便是顶峰,也有人称之自由峰。在乞力马扎罗,爬上它的顶峰并不需要专业经验和太多的体力,如果说需要些什么的话,那就是需要径直爬上去的意志和一些可以御寒的棉衣。有人创造过在17.5小时里上下山的纪录,还有一个孩子仅用7天就登上了峰顶。

在乞力马扎罗山顶的寒带,稀疏地生长着少量的

度假便利帖

地理位置:乞力马扎罗山位于坦桑尼亚和肯尼亚边界的坦桑尼亚一侧,是非洲第一高山,以"赤道雪山"而闻名于世。山体巍峨险峻,在一片平坦广阔的大草原上拔地而起。

气候特征:热带草原气候,山体随着高度上升,气温渐低,山顶少雨雪。

最佳旅游时间:7月至8月。

地衣,那是一种倔强的植物,善于在严寒又缺氧的地方谋取生存所需的水分和给养,它们以极其缓慢的速度在这里蔓延着。然而,1926年,就在这里,人们发现了一具豹子的尸体,这里的气候将它风干得很彻底又保存良好,后来海明威在提及它时发出了这样的疑问:

"它到这样高寒的地方来做什么,没有人知道。"(《乞力马扎罗的雪》)

或许说来,这里真的不太适合它,孤寂冷清,没有伙伴,没有食物,只有刺骨的寒风和一个令人眩晕的高度。是啊,它舍弃了下面的草原,爬上来做什么?

乞力马扎罗似乎还有不多的雪了,曾经有人不乏伤感地撰文:按最不容乐观的估计,乞力马扎罗的雪将在20年间全部融化。对此,专家们的看法不一致,有人说是地球升温的缘故,也有人说火山在酝酿下一次的喷发,如果可以选择的话,大概人们情愿相信后者而不愿意承认赤道雪山毁于我们这代人的文明进程里。为了那样的发展,我们付出的代价和得到的教训已经太多。

当地的许多部族依然将乞力马扎罗当作他们的圣所,每年都要在山脚下献上他们虔诚的祭物和美好的祷告。后来到乞力马扎罗的人中,再也不会有像他们那样真心的了,他们才是世世代代居住在此间,深得乞力马扎罗真传的光明之山的子民,他们的心里才揣着对这座自己的山的由衷热爱和敬畏。

▼乞力马扎罗山上积雪覆盖,但在过去的十几年里,乞力马扎罗山的积雪已经融化掉了1/3,有人预测20年之后的乞力马扎罗山主峰冰雪将融化殆尽。

▲ 金色的阳光闪耀在金色的沙粒上，这里荒凉至极，却又诱人至极。

Sahara Desert

撒哈拉沙漠——可望而不可即的浪漫

想不想在摩肩接踵的热门景点中，寻一处行人寥寥，可以肆意张扬本性的所在？想不想驱车驰骋，绝对没有塞车拥堵，也无须考虑车技，就那样迎着阳光一直一直地开下去，享受着"带你翱翔带你飞"的快慰？

阿拉伯语中有一处被称为"萨赫勒"的神秘地带，"萨赫勒"的意思就是"沙漠之边"。那里有着平均每人占据一平方千米的广袤空间，那里还有着科学家们为之震撼、至今悬而未决的谜案"沙漠之眼"。有人说，在沙漠上跋涉能体现生命力之顽强，而这个形成于250万年前，世界上最大的沙质荒漠，它不仅考验着人的耐力，同时也验证着人们的胆识——撒哈拉沙漠，一个绝对担得起"沙飞朝似幕，云起夜疑城"的美丽地方。

撒哈拉沙漠北起非洲北部的阿特拉斯山脉，南至

▼撒哈拉沙漠中的绿洲和植物

苏丹草原带，西自大西洋边，东达红海沿岸。因其独特的地理位置，所以想要进入沙漠深处会有很多种路线可供选择，大多游人会从摩洛哥、埃及、突尼斯等沙漠门户进入，这些地方虽然和沙漠接壤，但多水源多绿洲，而且也是撒哈拉沙漠文化的中心，旅途中经过这些地方，对想要彻底了解撒哈拉的美有着诸多帮助。

当然还有另外一种带有探险性质的游历方式——骑着骆驼穿越沙漠。在这个骆驼的野生王国里，骑着骆驼，聆听驼铃悠扬，放慢步伐来适应撒哈拉的气候，欣赏沙漠中蕴含的细节之美以及壮观的沙漠地形，尽管旅程可能相对会曲折一些，收获却绝对是异常丰富的。

随着脚步的深入，沙漠中的植被与动物将会逐渐映入眼帘。撒哈拉的植被整体来说是稀少的，偶尔会在高地、绿洲洼地和干河床四周散布有成片的青草、灌木和树。在这个最不适宜人类生存的地方，植物们的生息也受到了极大的困扰，它们想要存活不仅要抗旱、抗热，还要抗盐分。然而世事皆有两面性，就如同少雨的季节瓜果最甜，极寒之地才会生出冰山雪莲一样，在这种沙漠地带长出的小花和野草反而有一种更加撩人的美，偶尔展现出的娇俏身姿，也越发地让人有我见犹怜之感。

撒哈拉沙漠的哺乳动物种类很多，徜徉在沙海，经常会看见探头探脑的沙鼠、活泼律动的跳鼠，以及开普野兔和荒漠刺猬，而数量稀少的柏柏里绵羊、达马鹿和努比亚野驴，则会呼啸着围绕在游人身边奔跑，与在动物园观赏动物迥然不同的是，在这里，是这些动物在参观着难得一见的人类。如果在四五月初或者十月间进入沙漠，还会见到安努比斯狒狒、斑鬣狗以及利比亚白颈鼬和细长的獴。

更让人意想不到的是，沙漠中鸟类的品种竟然超过300多种，这还不包括迁徙鸟和候鸟。当亲眼看见奔跑的鸵鸟、翱翔的鹭鹰、肥胖却又灵巧的珠鸡，掏出背包中的食物与努比亚鸨、沙漠的"鸟中之花"沙云雀零距离合影，深切感受到人与动物之间尚存的信赖，会让人深深地觉得不虚此行。

不过，动物也不都是友好的，不知不觉的凶险总是在人猝不及防时悄然临近，在撒哈拉沙漠难得一见的湖池中，往往藏匿着野生鳄鱼，稍不注意，它们会闪电般地钻出湖面，猎取着食物；而在眼镜蛇频频出没的岩石和沙坑附近更要小心防范，说不定什么时候，它吞吐着嘶嘶作响的舌，已经出现在人们面前。

美丽的沙漠之夜，在沙漠中央或是偏远的山脉地带点起篝火支起帐篷，以天为被，以沙为席，欣赏静谧的沙漠美态，这种机会一生中能够有过一回，已经可以令生命圆满。

神话故事中说，地球是一个有知觉有感应的生物，所有在地球上赖以生存的生命都与那种知觉相互关联。虽然这只是神话传说，没有经过科学的论证，但是地球上确实有一颗巨大的怪眼凝视着宇宙苍穹，它就是撒哈拉沙漠中令人惊恐又好奇的——沙漠之眼。

▲ 沙漠之眼，似乎以一种神秘的力量在窥探着一切。

从毛里塔尼亚入境，位于撒哈拉沙漠西南部的沙漠之眼是地球十大地质奇观之一。它的直径达到48千米，海拔高度约400米，整体相当光滑平坦，鉴于它的巨大，人们站在地面上，根本无法看清它的全貌，唯有航天仪器绕地球轨道才得见其令人震惊的面容。

撒哈拉沙漠的这只"巨眼"被官方称作理查特结构，环绕的弧形好似人的眼睑，崛起的部分岩石无论是颜色还是构造都与眼球无异。

起初该"巨眼"地形被天文学家认为是由于陨石碰撞形成的，但构造的中心地势平坦，根本没有发现撞击的痕迹；也有人说，这个眼睛可能是火山喷发的结果，但附近并没有火山岩堆积的圆顶。目前地质学家认为可能是由地质结构上升或侵蚀造成，但这些权威又不得不承认，无论怎样的侵蚀，都不可能使这个沙漠之眼这么大、这么圆……所以，这个地貌是怎样形成的，至今仍是个未解之谜。

▼漫漫黄沙，无边无际，它正吞噬着人类的家园。

Jungfrau

▲湖边小镇因特拉肯

瑞士少女峰——阿尔卑斯山的"皇后"

对阿尔卑斯山最直观和清晰的印象来自007系列电影《女王的密使》。海拔2970米的雪朗峰之巅，可以清晰地看见对面姿态婀娜的少女峰——阿尔卑斯山的"皇后"。瑞士著名山峰中，少女峰是多数普通游客的选择。动人的传说，如画的田园风光、美丽的湖泊、雄伟的雪山及有趣的观光小火车，令人仿佛置身童话世界，只愿沉醉，不愿醒。

因特拉肯是伯尔尼高地的中心，其名称的含义是"湖水之间"，十分形象。

游览少女峰，首先要到达因特拉肯。著名的齿轮火车就是从因特拉肯东站出发的。此外，不管选择何种线路，因特拉肯都是通向少女峰的必经之地，是各路游客们的大本营。

身为湖边小镇，因特拉肯的面积虽然不大，但设施十分齐全——购物街、酒店、餐厅、赌场、度假村、主题花园等，应有尽有。不着急赶路的游客，可以在此停留一阵，顺便购买一些当地的名产。精致的手工织品和当地传统的彩陶制品，都是深受游客青睐的特色纪念品。

▼近处，黄牛在茂盛而艳丽的草坡上吃草；远处，洁白而纯真的少女峰在驻守观望。一绿一白，一暖一寒，让人赞叹不已。

>> Look | 161

驶往少女峰的观光火车

何维克街是因特拉肯最主要的街道，连接着火车东站和西站。最值得一提的是街道的南边有一片名为荷黑马特的绿地，站在宽广的绿地上，可以清晰地看到远处少女峰的迷人身姿。这里也是滑翔伞爱好者的天堂，许多人选择在这里娱乐。街道的北边是高级酒店与赌场的聚集地，自然也是价格不菲，如果没有奢侈一回的想法，就无须破费了。街道两边的餐馆值得体验，据说任何一家餐厅的楼顶，都可以欣赏到小镇风光。

小镇的另一端，还坐落着几百年历史的因特拉肯城堡，是当地的标志性建筑，兼具教堂和城堡的功能。建筑旁边还有一个锡质雕像展室，也是文化艺术爱好者不可错过之地。

满足对因特拉肯的好奇心之后，就可以全力以赴地奔向少女峰啦！

齿轮火车，也就是少女峰的观光火车，几乎可以说是游览少女峰的唯一选择。当年，由有瑞士"铁道之父"之称的阿道夫·居耶尔·泽勒倡议修建，历时近二十年，可谓充满艰辛。至今，这条线路的终点少女峰站，仍然是欧洲海拔最高的火车站。

每列观光火车有两节或者三节车厢，由一辆动力车驱动前进。铁轨很窄，有三条轨道，两条窄轨之间夹着一条齿轮轨，看上去有点老旧古董的味道。很难相信，这样简陋的小火车就是载着人们攀登阿尔卑斯山的交通工具。

乘坐之前，首先要弄清楚小火车的行驶路线和车型。根据海拔、铁道公司和道路状况不同，齿轮火车实际上分为三种，分别适用于下层铁路、中层铁路和上层铁路。

适用于下层铁路的小火车是蓝黄相间的颜色，简称BOB火车。BOB火车从因特拉肯东站出发，线路分为两种，一路是到达劳特布隆嫩，也就是瀑布镇的；另一路是到达格林德沃的。两种线路不同，沿途的风景也各不相同。

❶ 山坡上的瑞士小村庄

❷ 少女峰远景

当你安静地坐在少女峰对面、独自迎接它的壮观的时候，那种油然而生的敬畏和膜拜，无法抑制。

❸ 节日中的因特拉肯人

适用于中层铁路的小火车是黄绿相间的颜色，简称WAB火车。到达劳特布隆嫩和格林德沃的游客，都要转乘WAB火车，才能继续向前，到达下一个站点克莱雪德。

到达克莱雪德之后，就会进入登山旅程的最后阶段，乘坐上层铁路的小火车，也就是红色的JB火车。最终将要到达的，就是大名鼎鼎的"少女峰车站"了。

上山和下山各选择一条不同的乘车路线，是众多攻略中推荐的方式，只要拥有充足的时间，就不会错过任何一处值得欣赏的风景。

小火车穿行在山谷间、树林中，时速最高只有24千米，乘客可以悠然自得地观赏窗外的风景。夏季时，周围是大片绿草地、森林和散落各处的木质房屋，偶尔会看到当地村民散养的牲畜。冬季时，大地进入漫长的沉寂，景色也显得有些苍茫，但定格在镜头中的画面仍具有艺术美感。

从劳特布隆嫩换乘WAB火车，最好选择列车前行方向右边的座位。透过车窗，可以有不止一次的机会看到施涛河瀑布。细心之人，还有机会看到布来特峰和三大山峰的全景。当然，需要事先了解各处景点的位置与样貌，才能准确地识别映入眼帘的究竟是哪一座山峰。而从格林德沃换乘WAB火车，最好选择列车前行相反方向左边的座位。如此一来，可以有机会"邂逅"施雷克峰的一部分和清晰的艾格峰北墙。

自克莱雪德至少女峰的一段路，是登山旅途中的重点。火车到达这里之后，已经可以明显地感觉出周围雪雾蒙蒙，气温降低。随着海拔的不断增高，身体也会有相应的反应。但这一点对于多数游客来说都不是问题。

换乘JB火车不久，会进入长7千米的隧道。作为世界铁路史上的传奇工程之一，这一路段是瑞士人值得骄傲和自豪的。隧道比较狭窄，只能容许一辆列车通过。整个路段是爬坡式的，两个站点之间的海拔相差1393米，可见当年修建时的艰辛是常人无法想象的。为了让所有来到这里的人，都铭记那些工匠们的付出，列车会在中途停靠两个站点——艾格石壁站和冰海站。短短5分钟的时间，一定要走下车，触摸人工开凿的岩壁，感受当年工程的艰巨。并通过隧道岩壁上的玻璃窗，欣赏雪山上的冰海奇观，被白雪覆盖的三座山峰也清晰可见。

列车在行进过程中，还会用多种语言进行讲解，中文当然也是必不可少的。当列车慢慢接近少女峰的峰顶，内心也躁动不安起来。

斯芬克斯观景台区域是少女峰峰顶的主要游览区。这里有包括阿尔卑斯震撼体验馆、冰宫、瞭望台、邮局、餐厅、商店等设施，甚至还配有无线网络。其中，最不容错过的是乘坐高速电梯去瞭望台观景。触手可及的雪山，蜿蜒在脚下的冰川，以及写着"欧洲之巅"的牌子，仿佛在提醒人们"整个欧洲就在你的脚下"。

对于情侣来说，携手登上"欧洲之巅"不仅令人激动万分，也更具纪念意义和价值。在标志牌前合影留念，我们是如此甜蜜又幸福的一对。如果足够幸运，能遇到晴朗的天气，少女峰顶的视野是极佳的，据说可以眺望到法国的孚日山脉和德国的黑森林。如果天气不够好，视野不佳，就只能看到雾蒙蒙的一片了。

在距离车站不远处的阿尔卑斯震撼体验馆，可以了解到阿尔卑斯古往今来的发展历程，以及铁路修建时期的艰难险阻。光影交错的世界，音乐营造的氛围和神奇的全景电影，以及那一幕幕古老的、感人至深的场景令人动容。

冰原之下20米，还有一座巨大的冰宫。穿越冰制长廊进入其中，会有一种时空交错的超现实感。冰宫取材于天然冰河，其中的雕塑形象惟妙惟肖，十分可爱。只要保暖措施得当，完全可以在这个冰的世界里自由来去。

观景台下方的山口，还有供游客健行、滑雪或者坐雪橇的场所。若是喜爱户外运动，可以在这里更近距离地与少女峰亲密接触。冰雪的无限魅力在此得到了最好的诠释。

回程之前，或许就已经萌生了想要再来一次的愿望。任凭岁月如何流转，屹立在欧洲之巅的少女峰都将始终保持她的纯洁无瑕，就像爱情一样，清丽动人。拥有她的蜜月，又怎能不难忘呢？

▼少女峰雪景

▲ 塞伦盖蒂草原上的狮群

Serengeti National Park

塞伦盖蒂草原

——野性的大陆，非洲的伊甸园

地跨南北半球的非洲，在这片带着最后的洪荒气息的大陆上，人们在怎样生活？自然在怎样秉承着以往悲壮天然的风格，又在怎样迎接着文明的点滴渗透？非洲的伊甸园在塞伦盖蒂，这一点是无疑的。撒哈拉太荒凉，南非太偏僻，如果去非洲请一定到塞伦盖蒂。塞伦盖蒂的野生动物大迁徙是有名的；塞伦盖蒂的土地是沉默负重而意味深长的，让人联想起非洲的苦难史和民族史。

世界的伊甸园在非洲，非洲的伊甸园则在塞伦盖蒂，没有一个地方可以比塞伦盖蒂更具备，或者说更保有史前的形象。人类的历史在这里并不值得书写，从商周到明清，当中国正处于跌宕的朝代，中国人在创造文字和发明火器的时候，塞伦盖蒂却在机械地重复发生着一件事情：形形色色的动物的来来往往和生生死

>> Look

死。这就是塞伦盖蒂，一个被上帝遗忘得彻底而纯粹的世界角落。

马赛人将这里取名"永远流动的土地"，塞伦盖蒂即是这一称呼的音译，如果你不能理解这一点的话，就请看看动物们的来去和草木的荣枯好了，塞伦盖蒂的土地就处在这种有韵律的变化当中，以至于感觉起来好像一种朝潮晚汐的水体，而主导这一切的就是雨水和季风。

塞伦盖蒂位于坦桑尼亚北部的高原，从这里向东向西向北分别是恩戈罗恩戈罗野生动物保护区、维多利亚湖和肯尼亚马赛马拉自然保护区。塞伦盖蒂处于这一地带的中央，作为季节性的稀树大草原，它责无旁贷地成了数以百万计的动物们的生计和庇护之地，从鼠兔牛羊到狐狼狮豹。动物才是塞伦盖蒂的主角，这种说法虽略显夸张，却也不为过。

5月末，塞伦盖蒂的旱季从不爽约地来到这片土地。百草在枯黄之前播下它们的种子，灌木和乔木都脱去它们的"外衣"，决意不再为吃饱了的动物们提供一点阴凉。于是太阳开始炙烤这片在雨季里惬意了许久的土地，河床和滩涂的淤泥上出现龟裂的纹路。年荒最先光临到群居的植食动物们，觅食和饮水变得困难起来，日见窘迫的饥荒迫使它们不得不选择集体出走，这种出走的队列往往是极其庞大的。

从塞伦盖蒂到维多利亚湖或是马拉高原的这一段行程，往往使人想起以色列人出埃及的事情来，这是同样艰辛而注定一波三折的旅途，没有摩西的法杖却有三倍的埃及大军来围追堵截。植食动物的出走使许多以之为食物的动物们变得焦灼起来，其中有诡诈毒辣的土狼，有三五成群的狮子，也有善于奔袭的猎豹，还有躲在河滩里下黑手的鳄鱼。这是下个雨季前最后的狩猎机会了，如果不能在这一关头混个皮饱肚圆，接下来的6个月，饿死也未可知。

这就是动物世界的秩序，几乎容不得我们用残酷以外的词语来形容。当大队的角马争先恐后地挤过一条爬满鳄鱼的河滩又留下许多同伴的尸身时，我们会真实地震撼于那种出于本能也好、集体意志也好的近乎没道理的勇敢，正是这种勇敢使得它们在塞伦盖蒂，在大型肉食动物的天堂，以一个卑微而又繁荣的植食动物家族的名义活着。斑马的方阵在移动的过程中接受着狮豹的一路尾随，那些方阵往往以十多个的数目排成连横之势，一道狂飙，马蹄翻飞之间黄土飞扬，而掉队的老弱伤残就沦落狮口，血肉被吃尽，以至连骨头都要被鬣狗们舔过多次才会罢休。塞伦盖蒂的旱季和它凶相毕露的野兽们是刀俎，植食动物作为鱼肉，它们有的死了，有的活着出去并在雨季里追随新生的草木回来。

11月，植物的生命伴随雨水降临到了连强壮的狮子都消瘦的塞伦盖蒂，没有谁打算为这之前发生的一切做出解释，于是鲜绿的颜色就回流到这片土地上，于是出走的角马、斑马和羚羊也回归到了这里。在历史上的非洲无可纪念的岁月里，这一年一度的惊心动魄的动物大迁徙是多么地寂寞!如果要为塞伦盖蒂,这"永远流动的土地",寻找一些自始至终的目击证人的话,那就是马赛人——这片土地的命名者。

马赛人活在我们的理解能力之外,这并不奇怪,出于经验的狭隘局限我们为生活和人群定义了一个极小的圈子,马赛人不在这个圈子里面,同样上帝也不在这一圈子里面。这个民族住在牛粪堆起的房子里面,着奇装异服并在身体的周遭戴上各式的饰物。在生活中,他们并不把自己和四肢着地的野生动物们截然分开,他们才是生长于斯的本地人。

❶ 塞伦盖蒂大草原上的金合欢树。这种树的叶子远远看上去像一片片云彩,在蓝天碧草的映衬下美不胜收。
❷ 一只带着幼仔的雌性黑斑羚正和一只饥饿的狮子对视。
❸ 角马又名斑纹牛羚,是一种逐草而居的大羚羊。当塞伦盖蒂的旱季来临,它们便浩浩荡荡地向西迁徙,这使塞伦盖蒂大草原成了"流动的大平原"。
❹ 黄昏时分的塞伦盖蒂大草原显得静谧安宁。

Chapter 5

用一种情怀,去**相逢**一段历史

▲ 敦煌鸣沙山

　　　　Dunhuang

敦煌 ——驼铃响断玉门关

千年梦易碎，玉门关上君泪冷，别时人皆散，寂寞沙洲空牵念。驼铃踩着千年的步点由远而近，又由近而远，响断了玉门关，惊散了沙洲烟。

　　是谁的步子，一路蹒跚？是谁的心中，沧桑一片？是谁的过往，战火硝烟？是谁的眼前，繁华未散？

　　敦煌，盛大辉煌。

　　古往今来，这里都是一片荒漠无垠，孤烟飞天，长河落日。

　　祁连山从远处而来，又往远处而去，目睹了敦煌的传奇，枕着兵戈铁马睡去。罗布泊的浩瀚，连接着敦煌的西疆，把那些神秘，写得更加绵长和久远。那些说不清的故事，那些不明了的传说，都在漫天的黄沙中，卷入罗布泊的远处。

　　谁还记得大月氏的辉煌，曾经在这片广袤的沙漠里横刀立马？他们骑着骆驼，唱着悠长的战歌，羌笛声声呜咽，吹断了一个时代的梦。

　　当岁月的车轮碾碎大月氏的过往，敦煌迎来了秦时明月汉时关隘，唯有此处的

▲ 玉门关

流沙还记得住当年屹立在戈壁上遥望故土的战士洒了怎样一捧思念的泪。时过然后境迁，在一个个月朗星稀的夜晚，大漠之上依然传出厮杀声声，勇士的决斗和奋力呐喊，喊破了敦煌的天，让每一个过往的人都在此处不禁泪洒潸然。

大漠的孤烟升腾而起，游人的心里一阵凄凉和悲壮。古往今来的敦煌，怀抱了多少的牺牲和守望，壮烈和悲怆？

只有驼铃依然如故，只有明月千古留存，只有敦煌，知道敦煌的辉煌和沧桑。

孤烟在晚霞里飞过，身披一道寂寥的光芒，消逝在远处。宛如当年的美丽，无与伦比，却消失不见。

在敦煌的土地上漫步，驻足，对着大漠落日一声叹息，对着流沙明月泪流不断。然后，在这里雕刻下撼动世界的灿烂画卷，不说一句话，却饱含了对世人的慈悲，对战士的缅怀，和对佛祖的敬畏。

莫高窟的飞天，穷尽了这世上最美的颜色，漂亮的丝带、优雅的舞姿和美丽的笑脸，将这世界的美好传到了极致。千手观音的慈祥和壮阔，举出了敦煌无法比拟的过往。

每一个后来人，都在这里留下佛的画卷，45000多平方米的画卷，1000多年的心愿，祈祷佛祖护佑这片被战火浸染的土地，这片曾经生灵涂炭的地方。不难想象，当莫高窟的壁画展现在世人面前，那是怎样一种震撼和惊诧。

踩在这勇士们战斗过的土地上，和风一起奔跑，追逐远方的驼铃。历史跪倒在沙石里，沉重的双膝覆盖了千年的沉重，那些没有信守诺言春来还乡的战士，那些寂寥逝去空留念想的空闺……都在这辽阔的大漠深处，用古老的狼烟，诠释了历史的怆然。

敦煌的岁月，记忆和时光一样漫长，长到驼队跨出西凉，长到大漠长风吹散了离殇，长到兜兜转转的时光，淡去了前世的模样。

鸣沙山的石子是否记得，当年谁的家书传到了玉门关，当年谁东望故园路漫漫？又是谁在马上相逢没有纸笔所以凭君传语报一声平安？是谁放胆醉卧沙场还吟咏着古来征战几人回还？

所以鸣沙山夜夜悲歌，想为不归之人奏一曲战歌，引得春风来度玉门关。那冲天的厮杀呐喊，那不绝的战火硝烟，在鸣沙山成了一首催人泪下的史诗，而离人的泪，滴成了这眼月牙泉。

这月牙泉自古如旧，从未干涸。苍茫戈壁的长风，吹了1万年，吹干了花草，吹干了白骨，却没吹干这月牙泉。离人的泪，世世代代洒落，荡漾着不灭的思念和牵挂还有咬着牙咯吱作响的不甘。

月牙泉守着鸣沙山,夜夜听鸣沙山的悲鸣,又怎能止得住泪流?

是夜,残月如钩,月牙泉里美女如斯,一阵荡漾又倏忽消散。那是怎样的牵念,过了千年岁月,依旧不泯不灭不消不散?

阳关之外,已没有故人的身影,若有酒,就在此饮上一杯。西出阳关,从此孑然一身,从此空留思念无人比邻。这里洒过多少相思的眼泪,这里碎了多少离别的酒杯。流沙堆不住过往,就硬生生地掩埋了思念,风干了泪水,梦断了离魂。雪白的长纱飘在沙丘上,残阳照出一个悲怆的敦煌。大漠风过,呜咽作响,每个伤古痛今的游人都禁不住泪流满面。过往的残酷,请让时光去洗涤,那些累累的白骨,请在祈祷中安息。

▲ 敦煌莫高窟

莫高窟的佛祖庇佑,枕戈待旦的忠魂都将在此安然睡去。

时光永不止步,历史会清洗过往。我们还会有多少岁月怀念这里的死亡,我们还会有多少心情赤着脚站在沙漠里祈祷?

无论何年何月,驼铃都一声一声响过,风卷着流沙抚平了驼队的脚印,却掩不住声声驼铃,阵阵战歌,年年感怀。那些英魂将在壁画的精髓中得以流传得以护佑得以祭奠。

玉门关外,敦煌的盛大,永世流传。

▼ 傍晚的沙漠景色

▲ 帕提侬神庙

▷ *Acropolis*

雅典卫城——古希腊的荣光

雅典卫城经过悠久的岁月至今仍不失其价值,因而更值得赞美。每座建筑物是那样光彩夺目,让人感到这些建筑好像自古就挺立在那里。这些神庙充满着一种对生活的信念,至今它们仍英姿焕发,简直像刚用大理石雕出来似的。

在人类历史上,希腊是一段飘动的神话,这里曾是整个世界思考的中心:西方哲学、民主政治、奥林匹克、《荷马史诗》……每一个名词都牵动着人类的灵魂深处。雅典的卫城,希腊的眼睛,尘世间每一个旅行者精神与理想的栖息地。

穿过布拉卡区的大片希腊特色民房,就到了著名的卫城山。它背向山下的平民住宅,向海的一面峭壁陡立。深吸一口气,卫城就在面前,触手可及。拾级而上的脚步自然变得小心翼翼,唯恐一不小心,惊扰了沉睡千年的众神。

来到雅典,无论你从哪个方向,在城市的任何一个地方抬头仰望,都可以看见巍峨壮丽的雅典卫城。它代表着一种信仰、一种文明。很难描述第一眼看到卫城的复杂心情,昔日的壮观华美,如今只余断壁残垣。帕提侬神庙庙顶屋盖无存,内里空空如也,地面到处坑坑洼洼,墙根躺着坍塌的墙石残柱。乱石堆积间唯有那几根

今生要与你相约的100个地方

▲ 从远处眺望卫城,白色的大理石廊柱在蓝天的衬托下分外明亮,犹如典雅圣洁的女神手擎火炬默默地守护着她的子民。

大理石柱依然擎天而立,依稀可见当年的辉煌,却也尽是往日烟尘了。

然而,眼前的种种残损破旧却丝毫不带凄凉之意,反倒让人无端生出些许眷恋。坐在神庙的石柱下,日光从云朵中照射下来,微风吹过廊柱,仿佛欢快的手指拨动着竖琴琴弦,悬崖下浩瀚的爱琴海一片湛蓝,波光粼粼,卫城笼着几分神秘安详之美,让人不由得闭上眼睛,与之开展一番心灵的对话。整个卫城最吸引人也最震撼人的,正是这一份历经苦难战乱洗礼却留存下来的最平静的精神。那一根根屹立千年的石柱,用手触摸上去粗糙坚硬,叩之却铿然有声,无言无语,却自有灵魂在内里跳舞。

凝视着悬崖下一片湛蓝的爱琴海和山丘周围布拉卡市区的一片希腊特色浓郁的民房,心中油然升起一种神秘、安详和陶醉的感觉,让人不由得闭上眼睛。于是,大悲剧家埃斯库罗斯,大喜剧家阿里斯托芬,大哲学家苏格拉底、柏拉图、亚里士多德,大历史学家希罗多德,他们仿佛在一个一个向我们走来……这个被誉为"希腊的眼睛"的城市,它的历史、它的雄伟壮观,牵动着每一个旅行者的心。

这一种看淡世事的风骨也熏染着

❶ 罗德·阿提库剧场
❷ 雅典卫城博物馆
❸ 帕提侬神庙远景

帕提侬神庙最令人称道的地方在于它对"黄金分割"的绝妙运用。不仅如此,帕提侬神庙还打破了过去希腊神庙正立面6根柱子的传统习惯,大胆地采用了8根多立克柱子。

卫城的子民们。每天伴着世界上最丰厚的遗产而居,雅典人却不露半点骄横之态,活得淡定闲散、从容不迫。大街小巷到处可以听到悠扬的琴声和随意的吟唱,海边悠然伸着一排排钓鱼竿,没有收获固然毫不在意,有鱼儿上钩也只是淡淡一笑,活脱脱应了那句话:不以物喜,不以己悲。

夜深时,喧闹的城市安静下来,雅典已然入睡。

海和天造就了雅典,而雅典的文化精髓集中在雅典卫城的帕提侬神庙,它是希腊人追求理性美的极致表现,处处都是按黄金分割比例造成的建筑杰作,是古希腊建筑学、数学和美学的精品之作。雅典娜女神把橄榄送给了雅典,而雅典也把荣誉还给了女神。这里是西方文明的起源地,这里是和平健康的象征,这里还是世界不灭的焦点。看着雅典无数璀璨耀目的艺术品,你不得不相信,智慧女神一直在庇佑着雅典。

雅典卫城经过悠久的岁月至今仍不失其价值,因而更值得赞美。每座建筑物是那样光彩夺目,让人感到这些建筑好像自古就挺立在那里,这些神庙充满着一种对生活的信念,至今它们仍英姿焕发,简直像刚从大理石里凿出来似的。无关乎艺术修养,不一定非得博学多闻,只要走入希腊古文明世界,自然能感应一种不寻常的迷人气息,这必定是希腊老祖宗们蕴藏千年之久的神秘魔力。

度假便利帖

地理位置:雅典卫城遗址位于雅典城西南,建造在海拔150米的石灰岩山冈上。山冈面积约为4平方千米,山顶石灰石裸露,大致平坦,高于四周平地70~80米。

气候特征:雅典的气候温和宜人,受地中海气候影响,夏季少雨,阳光充足,空气清新。

最佳旅游时间:4~6月以及9~11月。

The Great Pyramids
大金字塔 ——黄沙上矗立的永恒

金字塔的美是不同于视觉冲击强烈的现代建筑的,它不直白,也不自然,留给我们思考、探索和发现的空间。这也是沧桑之美和华丽之美的显著区别,一个要用心体会,一个要用眼欣赏,看古迹,如饮醇酒,需慢慢品味蕴含的醇香。在艺术和文明上,持久性要比独特性更为重要,集中的、瞬间的价值注定要被永久性所超越,这种持久性乃是文明和艺术得以延续的一大标准,从中产生出神秘感和磁力来。

古代世界有七大奇迹,随着岁月的流逝,有的倒塌了,有的消失了,只有金字塔岿然傲立,伴随着"木乃伊之谜""金字塔结构之谜""法老的诅咒之谜"等一直未解的谜团存在着。难怪埃及有句谚语说:"人类惧怕时间,而时间惧怕金字

▼大金字塔
开罗西南有三座很大的金字塔,分别是胡夫金字塔、哈夫拉金字塔和孟考拉金字塔。

▲ 夜色中的金字塔，庞大而神秘，不禁让人产生真有外星人光临过此处的联想。

塔。"看到金字塔，仿佛抓住了文明的精髓和埃及的精神，那绝不是摇曳的枝叶，而是静默的根系，是埃及的根——深邃的灵魂、广博的胸怀、积淀与新生的更迭。沿着文明的印迹去探寻现代人的根，今天仍能感受到埃及人性格和气质上所携带的传统的影子，历史固然有过中断，但文化的脚步并未停歇。

　　一个古王朝和无数生命真实地来过、走过，这些见证了他们的生存和离去的古迹能留到今天，是多么珍贵和难得，能一睹真实的它们，对我们已经足够了。无际的戈壁旷野上，粗糙的巨石罗列叠加成简单的造型，结实地坐在大地上。几个坚固的庞然大物，用它的尖顶呼应着苍天。一种帝王之气和浩瀚的天地对冲。威猛跋扈，巍然屹立，神圣强悍。虽然几千年过去了，它仍然储存着古人的智慧和骄傲，带着历史的沧桑和重量，凝聚了一段逝去岁月的繁荣，炫耀自信，岿然不动地注视着我们，不愧为千古奇迹！远古的精品打造就是这样的，这古老的人类奇迹，确实无与伦比！把其他单薄扭捏的小东西都比没了，淹没了，震慑了。几千年后我们和我们没见过面的子子孙孙早已灰飞烟灭了，这个石头也许还安然无恙，照例被后人崇拜着、瞻仰着。仿佛古埃及法老和这金色巨塔的建造者们的灵魂不散，乘上了太阳之船，在冥界在阳间，由西向东周而复始地航行着，我们能感觉到他们的精神与力量的存在。展望更远的

未来，我们的思维和想象力的放大倍数就到不了了，虚幻朦胧，不清晰。

　　大金字塔群造于约四千五百多年以前，是古埃及第四朝代法老胡夫以及他的儿子和孙子的陵墓。站在高坡，一眼望去，胡夫的金字塔最高最大，儿子的次之，孙子的最小。当我们远眺金字塔，阿拉伯的骆驼队过来了，此时一片黄沙土，一排金字塔群，一队蠕动的骆驼队，这个场景真是有如阿拉伯的挂毯一样美丽。四五千年前的古埃及人修建了一座宏伟建筑，而同时期各国仍在石器时代摸索工具。金字塔工程浩大、结构精密，且建造涉及测量学、天文学、力学、物理学和数学，甚至人力资源学、会计学等各领域。几千年前人类的智慧我们无从破解，就算以今天的工程技术复制，也绝非易事。其计算的精确让现代人都百思不得其解。比如金字塔底座的4个角，准确地指向正东、正南、正西、正北，误差只有十几厘米。最大的"爷爷"胡

▲ 刻满岁月风霜痕迹的狮身人面像，经历了几千年风雨仍巍然兀立，守卫着法老的秘密。

▼ 金字塔巍然耸立着，仿佛在向人类诉说着不尽的沧桑。

夫金字塔现高136.5米，占地5.29万平方米，单就使用的材料，大约230万块石块，平均每块石块的重量为2.5～15吨。据考证，大约有10万人用了30年的时间才完成了这个浩大的工程。难以想象的是，在那远古没有任何机械的年代，古代的埃及人是怎么来搬运这些石块建造金字塔的呢？在4000多年前生产工具很落后的中古时代，埃及人是怎样采集、搬运数量如此之多，每块又如此之重的巨石垒成如此宏伟的大金字塔？它留给我们太多的谜团去探索。

同样成为埃及象征的狮身人面像，是吉萨另一个吸引游人的地方。古埃及人崇拜狮子，他们认为狮子是力量的化身。狮身加上法老的头像，则是智慧加力量的象征，同时这种奇特的形象也符合了古埃及人认为法老既是神又是人的观点。这个大家伙，长73米，高20米。坐西朝东，忠于职守地蹲坐于哈夫拉金字塔前，建造时间约公元前2500年，历经风雨侵蚀的它伤痕累累，眼镜蛇头饰还在，可按哈夫拉样子雕的面颊变成了塌鼻子。我沉默地仰视着它，仰视这远古的巨人，犹如仰视心中至高的神！一切都淡去了，只有神永恒着。

在这里，人类被它肢解。有点可怕，怕它的历久弥坚和洞悉万变，在人类梦想长生不老时，它做到了，一矗立就是4500多年，见证了历史兴衰、风云变幻，经历了风沙侵蚀、战争年代；抵制着尘世的蛊惑与贫乏，追求着自身的简单和丰富。而人呢，生命光阴几十年，不过是它的睁眼闭眼间。"人类惧怕时间，时间惧怕金字塔。"我们的一举一动，它尽收眼底，芸芸众生宛若它脚下的一粒沙子、一棵草芥，渺小、单薄又脆弱……金字塔装饰了游人的眼帘，而游人则装饰了法老的梦。仰望胡夫金字塔，边棱干净利落，顶部直指太阳，让人睁不开眼，只有白云在半坡上殷勤地衬托。尖锥形金字塔是金字塔最完美的形式，象征着山巅，也象征着太阳光芒，直插云霄，睥睨大漠，显示了法老的无限权威，给人以不可动摇的感觉。

度假便利帖

地理位置：位于埃及首都开罗附近的吉萨高地。这一地区有3座较大的金字塔，分别是胡夫金字塔（也叫大金字塔）、哈夫拉金字塔和孟卡拉金字塔，其中又以胡夫金字塔最为著名，它是吉萨金字塔群中规模最大，保存最完好，也是建筑成就最高的一座。

气候特征：埃及金字塔位于撒哈拉大沙漠东部的吉萨高原，属热带沙漠－地中海气候的过渡带，这里夏季干热，冬季凉爽，终年干旱少雨。

今生要与你相约的100个地方

Taj Mahal
泰姬陵——爱情的丰碑

莫卧儿帝国的皇帝沙·贾汗为纪念爱妃建造了这座举世无双的宫殿。后来沙·贾汗被儿子篡权夺位，每天只能遥遥观望泰姬陵的河中倒影，这样的日子过了整整8年，失意的君王最后忧郁病死，所幸，他死后被允许与泰姬陵内的爱妃合葬。所以印度诗人泰戈尔称赞这座宫殿是"一滴爱的泪珠"。

▼泰姬陵全称为"泰姬·玛哈拉"，是一座白色大理石建成的巨大陵墓清真寺。

❶ 充满对称美感的泰姬陵

在世人眼中,泰姬陵就是印度的代名词。这座被誉为"世界七大奇迹之一"的宏伟陵墓,正如万里长城一样,浓缩着一个文明古国数千年的灿烂文化。

❷ 如织的游人

登上泰姬陵的台阶必须光脚,因此鞋套就派上了用场。

❸ 美轮美奂的泰姬陵

泰姬陵是一座全部用白色大理石建成的宫殿式陵园,是一件集伊斯兰和印度建筑艺术于一体的古代经典作品,泰戈尔曾赞美泰姬陵是"一滴爱的泪珠"。

沙·贾汗在造就了泰姬陵之后却因为其子篡夺王位,被囚禁在阿格拉堡的一座小楼中,甚至不让他看到泰姬陵。传说沙·贾汗过于思念他死去的妻子,每晚只能透过一块水晶石的折射,遥望数千米外的泰姬陵。

此刻,泰姬陵似乎已经不只是一个女子的陵墓,而像一个巨人般坚强地挺立,用她的躯体见证了一个恒久的爱情传说。站在泰姬陵之外,隔着流淌的亚穆纳河可以看见对岸的茉莉宫。宫殿由大理石雕琢而成,并且镶嵌着彩色的石头,水晶、玛瑙、翡翠等宝石,阳光从大理石镂空的窗子中射进来,满地的五彩斑斓,墙壁上的宝石光华夺目,有如璀璨的星空。

泰姬陵虽然是一座陵墓,却没有陵墓的冷寂和苍白。变幻莫测的光线和色彩,香艳精致的花园,流动不息的泉水,泰姬陵似乎是一个圣物,在天地之间浮动,等待着人们虔诚地朝拜。太阳缓缓闭上双眼,泰姬陵风采依旧。将要黄昏的时候,天边的云彩上多了一抹淡淡的绯红。

度假便利帖

地理位置:在今印度距新德里两百多千米外的北方邦的阿格拉城内,亚穆纳河右侧。

风情体验:当傍晚的泰姬陵闪现她最妩媚动人的风姿,夕阳下瑰丽的墓碑在粉红至淡青的光影变幻中无声地诉说着凄美的爱情故事。自古红颜多薄命,一夜白头的君王暴躁而又深情。

▲ 天空的蓝让夜幕下的阿尔汗布拉宫更完整，似乎它能填充一切空虚。

Alhambra Palace

阿尔汗布拉宫
——摩尔人的斑驳记忆

天空笼罩着阴霾，在这最后的两个世纪里，即将失去未来的摩尔人好像身患绝症的病人，对生命的认识一步步升华。他们如此留恋现实的美好，于是，便将所有的技巧和想象力皆倾注于一座建筑，唯有以此，永垂不朽。

在西班牙，一座红色城堡迎风而立。它被誉为古伊斯兰建筑的登峰之作。所见之处，设计精巧，构造细腻，尽显恢宏与奢华，它便是摩尔王朝无与伦比的宫殿——阿尔汗布拉宫。时光在不知不觉中悄然而逝，可这座宫殿，却一直寂寞地矗立在那里，静静地讲述着一个古老而神秘的王朝曾历经怎样的繁华与衰败。

8世纪，北非摩尔人从直布罗陀海峡攻入西班牙，占领了伊比利亚半岛，从此开始了长达七百多年的统治。随着伊斯兰帝国的逐渐衰败，摩尔王朝的势力也迅速减

❶ 这些镶嵌的砖好似历史细致而坚定的笔触。

❷ 黄昏的小巷一定是古老的阿尔汗布拉宫的一个梦。

弱。13世纪,摩尔人已经失去了在西班牙占领的大部分土地,他们知道自己的前途未卜,于是倾注了所有的心血,在都城格林那达的阿尔汉布拉山上修建了这座举世瞩目的宫殿。

整个宫殿共占地35英亩,四周全部由红石墙围起,长约三千五百米,与中国的故宫颇有几分相似。远远望去,它仿佛一座敦实的城堡,然而其内部结构却是错综复杂,穿梭其中,仿佛置身于迷宫。

从正门进入,两个互相垂直的院子映入眼帘,南北向的名为石榴院,是朝拜的地方,显得庄严而肃穆。东西向的名为狮子院,是妃子们居住的后宫,显得细致而奢华。摩尔人天性中便有对水的崇拜,所以整个宫殿内随处可见水池、喷泉。这些水珠温柔地装点宫殿,为宫殿增添着妩媚与灵动。

如果提及阿尔汗布拉宫最大的特点,便是墙壁上那些变化多端、色彩艳丽的装饰图案。阿拉伯美学中特有的藤蔓和各种几何花纹交替其中,出奇地精致与细腻。有人这样形容:当阳光投射在这些镂空和雕琢的装饰上,总能给人一种舒适和敬仰的感觉。仰望这些建筑,仿佛一部部古老而神奇的神话故事,耐人寻味。

后宫是整个宫殿中最为神秘的部分,除了奢华的装饰以及鬼斧神工的雕饰,还有那些在墙壁上刻着的《可兰经》文字和宫殿中的奇花异草,它们的美丽如同一剂毒药,散发着摄人魂魄的香。遥想当年,宫外是否有人知道,那旖旎的风景,就在厚重的红墙之中,那些妃子,是否也像其他王朝中的那样,在这里,演绎着一段又一段凄美的宫廷之恋?

纵览整个摩尔王朝的兴衰史,禁不住为他们遗憾。虽然阿尔汗布拉宫的建造目的也在于防御,可摩尔人最终还是没能坚守住那块曾满载他们荣耀的阵地。所有的一切不过是历史长河中的昙花一现,唯有予以寄情的建筑,在摩尔人斑驳的历史中,印下永恒的瞬间。

New Swan Stone Castle
新天鹅堡 ——童话中的城堡

每个女孩都应有一座自己的城堡,在那里,时间没有任何意义;在那里,梦可以自由飞翔。不管经历了怎样的磨难,最终都会获得一个幸福和快乐的结局,就像白雪公主那样。新天鹅堡,就是这样一座城堡,拥有白雪公主般的纯洁与甜蜜,带你走进童话的世界。

阿尔卑斯山向来被人看作一个童话世界,那里皑皑的白雪和高高的山脉,无边无际的原始森林和山坡,宽阔的大湖和在绿野上漫步的成群牛羊,非常适合孕育魔法、国王、骑士的古老故事。或许是由于这个原因吧,巴伐利亚国王路德维希二世才把新天鹅堡建在那里。

新天鹅堡,又叫"福森白雪公主城堡",是坐落在德国巴伐利亚州小镇上的一座白墙蓝顶的神话城堡。站在高高的山峰上,眺望新天鹅堡,感觉她就像天使的一个梦,遗落在了人间。新天鹅堡建于三面绝壁的山峰上,高约七十米,依靠着雄壮的阿尔卑斯山脉,背面是一汪清澈透明的湖水,显得尤为神圣而庄严。城堡的四周

▼那些高低错落的尖形塔顶,在摇动的树林中时隐时现。

有缓缓起伏的树林，四角是圆柱形尖顶，上面还有瞭望台。

推开新天鹅堡沉重的大门，仿佛进入了天鹅的世界，一片绚烂的色彩直面而来，金碧辉煌的大殿、色彩斑斓的大理石地面、各色的名贵古董、珠宝，以及鲜艳的油画……没有一处找不到天鹅的美丽身影。天鹅象征着纯洁，从壁画、门的把手到浴盆，天鹅形象无处不见。

新天鹅堡的建造非常具有戏剧性。据说，她的建设者巴伐利亚国王路德维希二世非常喜欢艺术，但他的感情生活却充满了悲剧色彩。他的童年是与年轻的表姐茜茜公主一起度过的。当他对表姐产生朦胧的好感时，表姐却嫁到了奥地利。尽管这段感情并没有得到表姐的回应，但表姐那美丽的倩影却刻在了年轻王子的记忆里。后来，王子继承了王位，并声称找到了一生的感情归宿。但是，这段感情却以结婚前两天宣布取消婚礼的方式结束了。这次经历给国王带来了很大的创伤。从此，他就沉醉在了舞台剧的幻想中。

在众多的戏剧中，瓦格纳的剧本深

旅行·印象

天鹅骑士的故事：阿丽萨和戈福瑞是安特卫普城中布拉班特大公的子女，布拉班特大公去世后，让阿丽萨的未婚夫弗雷德里希照顾自己的子女。一天，阿丽萨和戈福瑞一同去树林，回来时却只有阿丽萨一个人。弗雷德里希听从了邪恶的欧特鲁德的话，污蔑阿丽萨谋杀了弟弟，并请求国王处死阿丽萨。在危急时刻，阿丽萨的守护者天鹅骑士出现了，解救了阿丽萨，并与阿丽萨结为夫妻。但在成婚当晚，阿丽萨禁不住邪恶的欧特鲁德的诱惑，违背了与天鹅骑士的诺言，问起了天鹅骑士的来历。天鹅骑士只得按照圣杯的指示，离开阿丽萨，回到了天鹅城堡。

深地打动了国王。于是，他打算在自己童年夏宫的对面，建造一座梦一般的白色童话城堡，为天鹅骑士这幕舞台剧塑造一个背景，让勇敢的天鹅骑士和美丽公主的动人故事能在那里上演。然而，城堡的建造花费太大了，还没有建完，巴伐利亚国王路德维希二世就被认为不适于统治而下台。离位后的国王很快就去世了。

从此，那座漂亮的、带着童话气息的城堡，就充满了漫长的等待。直到20世纪，人们才陆陆续续地完成了路德维希二世的梦想。

◀ 这样的世界意味着平和、宁静、虔诚。

Chapter 6

极光与星空交织的浪漫

Mohe County

漠河 —— 极光眷顾的远方

漠河北极村位于中国北部边陲,以高海拔景观著称。每年夏至前后,这里24小时都是白昼,午夜12点,向北方的天空眺望,只见"夜空"朦胧中泛着白光,似黎明,又似傍晚。

鄂伦春族斜人柱

❶ 炊烟袅袅的鄂伦春族村庄
❷ 夕阳下的雪景
❸ 供游客居住的农庄

漠河地处北纬53度，世界上同属这一纬度的还有冰天雪地的阿拉斯加、挪威及瑞典。和这些童话一般白雪皑皑的小国一样，漠河北极村除了一派北国风光之外，还有着浓郁的原生态气息。春季，冰雪消融，山花烂漫，缤纷的雀鸟在山林中穿梭；夏季，奇花异草争奇斗艳，金色的野罂粟、粉色的野玫瑰、白色的珍珠海棠，还有鲜红的兴安岭杜鹃花燃烧了整个山冈；秋季，缤纷的枫叶便将群山渲染出浓浓秋意；到了冬季，鹅毛大雪从天而降，森林与点缀其间的小木屋被盖上了一层厚厚的雪被，大森林就像神话传说里的水晶宫一样晶莹剔透。

北极光是大自然赐予这个小村庄的瑰宝。北方的天空往往先出现一个色彩不断变幻的小光环，小光环随着时间的推移慢慢向东移，光环不断变大，数量也逐渐增多，色彩绚丽至极。

北极村还是东北母亲河——黑龙江的源头。烟波浩渺的河水从村边流过。黑龙江中生活着无数种鱼类：哲罗鱼、细鳞鱼、鳇鱼等。漠河北极村的夏季非常短暂，全年最高温度只有20℃，因此黑龙江在一年中的很多时候都被厚厚的冰层覆盖着。来到北极村就一定不能错过冰上垂钓。老练的渔夫会轻车熟路地帮你在冰面上凿出一个洞，厚厚的冰面之下，江水缓缓流淌着，将鱼竿或者丝网沉入水中，很轻易就能捕获到想要浮上水面呼吸氧气的鱼类。钓上来的鱼用江水炖煮，味道鲜美无比。漠河北极村是当年淘金者们的必经之路，因此这里留下了许多淘金者的血泪史。此外，北极村与俄罗斯接壤，村庄里保留了许多具有浓郁俄罗斯风情的古老建筑。

冬季来北极村，在这个被极光照耀下的地方迎接新年的第一缕曙光！

北海道 —— 白昼从这里张开眼睛

Hokkaido

世界上可以像北海道一样自称雪国的地方几乎是没有的，冬天的落雪构成北海道让人们为之着迷的充分理由。这里的山峰和水体有太多的火山色彩，以至于一切看上去都是那样新奇，那样让人神往。无限哀怨的《雪国》，写尽了北海道美丽的情殇，以至于伤心之余，我们还想看看这寒冷的着素装的青春和爱情的雪世界。

北海道在日本的位置，就像是日本在世界的位置，都是极东的。在北海道，人们的视线里有着最完整的地平线，人类的一天就从这里开始，白昼从这里睁开它的眼睛。

读过川端康成《雪国》的人，应该会喜欢这里，尤其是它下雪的季节。北海道无冬天不雪，无雪不冬天。北海道人对雪的热爱，到了痴迷的地步。当秋风吹起，枫叶刚刚红过的时候，北海道人就在迫不及待地等着下雪了。

雪对于这个地域实在太重要了，从它的作物到人们的生活习性都表现出对雪的依赖和普遍性的适应。这里的雪往往是厚重的，一夜之间下个尺把深是没有问题的。北海道的房子有着很尖陡的山墙，这样的房子一来是维持室内温度，二来更多的则是为了泻雪。积雪在上面由于自身的重力和融化时的作用力，会顺着房盖滑下来，而房顶太平缓了就会被压塌，这样的事情在暴雪成灾的时候也是屡见不鲜的。降雪的最大受益者恐怕要数麦子了。冬小麦在冬季来临前长出茁壮鲜绿的叶子，但在冬季里，这些叶子的大部分都要枯死掉，因为冬季里是没有那么高的温度和充足的养分供应它们的，这时候的麦田望上去就是一地青黄。雪季里，白雪为这些麦田盖上厚厚的被子来

穿梭于花海之中，感受着大自然迷人的风景。

保护它们的根不被冻死，而一旦温暖的春天来了，融化的雪水就渗进泥土里，为麦子做第一次的春灌。

札幌之雪是久负盛名的，札幌市每年一度的"雪节"在这里的大通公园举行。在札幌，可以像雪节一样值得人们期待的节日，除了除夕，怕是再也没有了吧。"雪节"里，人们以自己的想象力和创造力为冰雪赋形，甚至不但要赋形还要赋神。他们以冰雪塑造建筑物、各种卡通人物、小说和剧情人物，譬如"悟空"和"桃太郎"。这样的节日并非仅仅是属于某些艺术家的，而是全民的。

在北海道，你总能找到一些并非纯粹的日本式的东西，比如说，地名。北海道的地名往往是古怪极了的，几个看来根本不会发生什么语义关系的汉字放在一起就构成了许许多多极富诗意的地名，比如说阿寒、知床、美瑛、小樽，比如说富良野、定山溪，甚至有些地名是无法以汉字来称呼的。这和北海道的历史有关，这里原来居住的是阿伊努族，这是大和民族以外的一个民族，这个民族尽管有着团结的集体和非凡的智慧，却没有文字，一切都是口头相传的。

北海道岛屿和火山的地形为其创造了足够的可供人们在旅游方面开发的资源，雪山、湖泊、温泉、港湾、海渔等，阿寒国立公园就充分地表明了这一优势。公园由雌、雄阿寒山和阿寒、摩周、屈斜路三湖组成，山山水水间展现着一个地质岛国的美。雌阿寒山是尚在活动中的火山，从它烟雾缭绕的火山口，可以望见有巨轮航过的鄂霍次克。阿寒湖外观呈现小巧的菱形，在雌、雄二山的怀抱间，像是它们眉清目秀的孩子。硫黄山上充满了火山活动的景致，火山喷气孔的周围堆积着层层的硫黄结晶。这样的喷气孔，全山有几十个，喷出的烟雾缭绕于山间。

温泉是北海道给人们带来的最应景的礼物。在日本可作为审美享受的活动有二，一是雨里看樱花，二是泡在温泉里看落雪，前者在日本的各处都是可以看到的，而后者，非在北海道则不够味道。"汤"是日本人对温泉的称呼，名目繁多，诸如男汤、女汤、热汤、鬼汤、美人汤、医汤等不一而足。"汤"在古汉语里，也就是热水的意思，只不过后来渐渐地就不用了，替以双音节的更为委婉的"热水"。这两个名字，究竟何者更有意趣呢？

关于北海道，永远也没有一个讲述者的笔力，好到可以比得上你的双脚在这个岛上走一遭来得实际和明确，你的心会在对这里的神往中变得莫名地喜悦。

▼ **冬季的支笏湖公园**

▲ 冰岛虽然位于北极圈边缘，但受北大西洋暖流影响，气候适宜。

Iceland

冰岛——世界尽头的寒冷仙境

如果我们要谈论冰岛而不在事先为它取一个更好的名字，那么这种谈论就是盲目的。要知道冰岛并非如其名字暗示的那般决然冰封，这里有广为分布的火山和熔岩，也有地热温泉。如此情况，倒不如借用金庸先生小说里的名目，唤作"冰火岛"。诚然，这里是冰火两重天的局面，又处在偏远的北方极地，所以又有人称之为"世界尽头的冷酷仙境"。

居住在冰岛上的居民是古维京人的后裔，这是一个强悍的又不失为有知识的民族。他们在大约10世纪的时候，带着自己的语言来到这个岛上。在以后的文明发展进程中，这种语言在横向和纵向方面都表现出异乎寻常的稳定性来。现今的岛民可以无障碍地读通撰于13世纪的古文献，城里人和乡下人操一样的语言腔调，他们以

自己古老又常新的词语为种种新生的科学事物命名，比如"计算机"一词在他们的语言里包含有"数字"和"预言家"的意思，他们从不借用任何外来的词语。冰岛人有个善良的小小信仰，或许来自希腊多神崇拜的传统，他们认为，这个岛上山石林木间藏着许许多多的小精灵。他们对此的信仰是那样虔诚，以至于为它们设立专门的崇拜和避讳禁忌。

雷克雅未克是冰岛的首都，意为"冒烟的海湾"，这个名字有个浪漫神秘的故事。据传，874年，被挪威国王流放的部落首领英格尔夫·阿纳森率领自己的家族和奴隶漫无目的地航行在茫茫大海上。在隐约看见前方的陆地时，他出于对上帝的信仰，将自己从挪威带来的圣木抛下大海，然后顺着木头漂浮的方向找到了一个冒着白烟的岛，他们欢天喜地地在那里安顿下来，并做出了上述命名。可是，他们很快便发现，那在岛上袅袅升腾的不是烟雾，而是温泉冒出的蒸汽。早在1928年，冰岛人就为自己在雷克雅未克修建了地热供热系统。雷克雅未克的建筑不像欧洲大陆上那样建得高大出奇，而是风格婉约又设计别致，被漆以红红绿绿的颜色，煞是好看。

冰川和火山，两种截然相反的力量带来了冰岛多姿多彩的地质变化。瓦特纳冰川是欧洲最大的冰川，比欧洲其余所有冰川的面积之和还要大。在这座

▲ 冰岛的极光

极光是由于太阳释放的带电粒子冲击地球高层大气分子产生的发光现象。北极圈以内地区在每年9月中旬到次年3月的半年时间中可以观测到北极光,而冰岛是世界上唯一可以全境观看北极光的国家。

大冰川的下面,却是近年来依然在活动的火山,1966年和1998年有过两次火山爆发,融化的冰川水流浩浩荡荡地流向无人定居的南部海岸。冰岛的地理年龄尚还年轻,火山爆发在这里形成的粗糙地表依然清晰可辨,并且曾被作为美国宇航员登月训练基地。在南部沿海,有一座小岛叫作"色特塞",它是在1963年的一次火山爆发中一夜之间从大西洋长出来的。冰岛处在亚欧板块和美洲板块的交界处,而作为一个国家,它正在被这两大板块分裂为两半。试想,很多年后,这里将成为大西洋的核心海域,而"冰岛"一词的前面怕是要冠以或"东"或"西"的定语了吧?

来冰岛的人要做的事情有很多,但最值得做的事情则是钓鱼、观鲸、看极光、泡温泉、打高尔夫。三文鱼和鳟鱼是这里最普通的鱼类,也是经常被收于竿下的鱼种。乘船观鲸是在冰岛的又一件快活事,沿着冰岛的海岸线航行,据说可以有98%的概率会看到鲸。北极光最常出现的地方要数冰岛了吧,这种离奇而美丽的自然现象,带给人的视觉享受是永生难忘的。这里有六十多座高尔夫球场,场地同其原有环境相得益彰,挥杆的同时,可以尽情领略诗情画意的风景,而碰上亮如白昼的午夜,可以连续作战以尽兴。如果累了,就去雷克雅未克的温泉尽情地泡上一番,不愉快的事情便会随着疲乏消逝了。

到了冰岛不仅仅要观赏瑰丽的自然风光,要使旅行更加有意义,还应该去

一些地方看一看，比如国会旧址，这是世界上最早成立至今仍在举行的国会。一直到今天，国会旧址依然是冰岛最重要的会议地点。1974年为庆祝冰岛第一个居民到冰岛1100周年时，有六万多人参加了庆典。在国会旧址国家公园里有一个许愿池，叫"金钱断层"。池里的水很清澈，很多人从上面的桥梁投下硬币许愿，相传如果能够亲眼看到硬币落到底，许愿就会成真。冰岛的夜生活虽然比不上欧洲大都市的多姿多彩，但挪威等北欧国家的人们却喜欢到冰岛度假，所以每到假期或周末，冰岛酒店内的餐馆和酒吧都热闹非凡，给宁静的冰岛带来不少生气。这就是冰岛，一簇被冰冻的热情火焰。

冰岛向前来的人们主张的是彻底的休闲加新奇的景致，唯有在这个一半是冰水一半是火焰的国度，你才知道自己已经到达世界尽头、人间仙境。

▲ 冰岛著名的蓝湖

蓝湖并不是一个天然形成的湖泊，而是附近一个地热发电站排出的水所形成的。由于发电站排出的水不但没有污染，反而富含各种对人体有益的矿物质，于是蓝湖被开辟为了天然的SPA项目。

▼ 雷克雅未克的哈帕音乐厅

哈帕音乐厅位于雷克雅未克的海陆交界处，是冰岛最新最大的综合音乐厅、会议中心，它的外形很像一个巨大的万花筒，上千块不规则的几何玻璃砖随着天空的颜色和季节的变化反射出令彩虹都相形见绌的万千颜色。

默热沃 Megeve
——重拾最初的梦想

默热沃有着广袤无垠的连环滑雪区，是全欧洲最好的滑雪度假村，滑雪道高达2350米，蛛网般四通八达的滑雪缆车路线令人眼花缭乱。

游客在早晨抵达小镇，阳光十分灿烂，冲散了冬季的寒冷，走在小镇的街上，随处可见马拉着雪橇行走。这里毗邻瑞士，太阳门滑雪场与瑞士相通。在默热沃，踩着滑雪板就能够进行跨国一日游。如果雪上功夫好，清晨，从默热沃的

▼默热沃位于法国南部，是全欧洲最早最好的滑雪度假村。

❶ 夜色中的默热沃街道
❷ 默热沃的美丽雪景
❸ 木屋门上的装饰物

山脚处出发，翻越几座山峰峡谷，就能滑到瑞士，在那里边吃午饭边看风景，再沿途返回，在日落时分就能看到法国小镇隐约的灯火，空气中开始弥漫着红酒与烧鹅的香气，正好让旅行者饱餐一顿。

雪场的好坏取决于雪的质地、雪道的建设、气温以及周边的风景。默热沃正是这样一个堪称完美的滑雪胜地。这里的雪得益于阿尔卑斯山的眷顾，降雪量大，雪质轻柔如羽绒，一脚踩下去有齐膝深，发出"咯吱咯吱"的声响。如果雪上飞驰已经游刃有余，那么在连绵的山谷间玩滑翔翼将是更刺激的活动。当脱离了地心引力飞驰而下，你便化作一只从阿尔卑斯山俯冲而下的飞鹰，只见身旁雪山匆匆掠过，耳畔风声呼呼，所有的不快与忧伤，瞬间消泯。

雪道上每隔一段距离就有餐厅，咖啡色的小木屋、绿色的树木，映衬着雪白的山峰，显得尤为静谧。滑完雪可以静静地在小镇街上走一走，依次排开的小木屋十分精美，各式的店铺里有种类奇多的工艺品、玩具、衣服、首饰。还有做甜品、乳酪、蛋糕的小作坊，散发着甜甜的香气，令人陶醉。

和法国大多城镇一样，夜晚的默热沃是丰富多彩的，随便走进一家餐厅或者酒吧，听着悠扬的钢琴曲，品着美酒，或者与遇到的外国游客随意交谈，都会感到轻松与惬意。如果赶上了圣诞节，那就更为热闹，在闪耀的彩灯下，欢乐的人们往数不清的圣诞树上挂满了礼物，远处银色的山峦照映着这灯火中的温馨，令人心中充满了对生活与世人的感激与热爱。

度假便利帖

地理位置：位于法国南部，面对布朗峰。滑雪道高度为1113～2350米，是全欧洲最早、最好的滑雪度假村。

风情体验：静坐在酒吧听悠扬的钢琴曲，边品味美酒边与遇到的外国游客随意交谈；在夜晚踏雪数星星、滑雪捉萤火虫都是最美好的体验。

>> Look

▲ 它的明丽与多彩就像一幅油画，它的安静与随意却像一幅大写意。

Lapland

拉普兰——传说中的白色天堂

雪花飘扬的拉普兰，是一处白色的天堂。白色，象征着纯洁。一望无垠的白色更能给人的身心带来强大的震撼。踏上拉普兰，就意味着可以体验白与红、冰与火的两重世界。而天堂里圣诞的快乐气氛，一度让成人发现未泯的童心。

　　拉普兰，是传说中雪的世界，白色的天堂。来到这里，莫不为它白雪皑皑、银装素裹的景致所迷恋。在这雪的世界里，一定要体验滑雪。拉普兰的滑雪场与天地

Chapter 6 ● 极光与星空交织的浪漫

▲ 这么洁净的冰雪世界肯定是上帝对拉普兰的垂青，折射出它的纯洁和浪漫。

▲ 七八只狗拉着雪橇飞快地跑过拉普兰的每一寸洁净的肌肤，让你记住它每一片雪原的光彩。

融为一体，坐上雪橇让驯鹿或雪地狗拉着一路欢跑，雪中的欢笑声将穿透拉普兰的上空。而到下午3点，拉普兰已如沉沉夜晚，骏马带着你穿林而行，没有人迹，空气洁净，雪落在枝头，冻结成绒花一簇簇，风声、马蹄声及树枝偶尔的抖动声，合成天堂籁音。

正是因为拉普兰的美好与纯洁，圣诞老人才选择这里作为自己永远的故乡。1927年，芬兰的儿童故事大王玛尔库斯，在电台讲故事时说圣诞老人正是对拉普兰白雪的景致的迷恋，才决定和两万头驯鹿一起住在拉普兰的"耳朵山"上。因为拉普兰有"耳朵"，圣诞老人能在北极听到世界上所有孩子的心声。

拉普兰无处不留有圣诞老人的足迹，他的那些灵性而乖巧的驯鹿，早已成为拉普兰人生活中不可或缺的一部分了。漫长的寒冬之后，拉普兰人会在伊纳里湖举行赛鹿节。这与西班牙的斗牛有点相似，一些未经驯服的鹿时而跑得飞快，时而脚步缓慢，有时又会突然改变方向，使驾驶者冷不防失去平衡，重重地摔倒在冰面上。

拉普兰不单单有冰雪，还有着数不尽的湖泊、江河和溪流，由树林和沼泽相衔接。在这片蓝绿相间的拼图中，最辽阔最湛蓝的就是伊纳里湖。湖水清冽，松林片片，不时还有麋鹿、狼獾出没其间。

因为拉普兰有湖泊、冰雪独特的景致，所以桑拿成为这里的特色。在这里，你将体验世界上最酷的桑拿：从蒸房里出来直接跳入雪地的冰窟里，来回反复几次，那种舒畅前所未有。之后，大家靠在火炉边进餐，美味佳肴，浪漫情调从骨头里慢慢往外渗。

>>Look | 199

▲ 罗弗敦群岛的渔港

Nordkapp

挪威北角——天之涯，海之角

永远到底有多远，大概能有不落的太阳、不灭的星光就够永远了。天涯海角的追寻也可以到此停止。

▼在这样的冰雪天地里极目远望，再远的地方还是见不到边的海洋，那才是真正的辽阔。

沉浸于爱情中的情侣们爱寻找永远，希求永远。永远到底有多远，北角会告诉你，天之涯，海之角，就止于此。永远就停留在这里，安静地等你来。

北角在一个角落独自突兀出来，似乎是多余的地方。其实不然，据说，1553年，一位英国船长理查德，带领船队绕过欧洲最北端时，将这一雄伟壮丽的海角命名为"北角"。"尽头"总会让人感到凄美和绝望，而北角带来的却是神秘的遐想和无限的憧憬。远远地，就看到北角这块花岗岩，从悬崖边翘出307

旅行·印象

挪威：挪威素有万岛之国的美称，缠绵在万岛间的海岸线蜿蜒曲折。海水从不停止流动，即使狭窄如纤纤手指，也能从峡湾注入山岳中，大小不一的瀑布在山间扑腾嬉戏着。挪威的无限风光，不止于雪山，不止于木质教堂，还有极地那不落的太阳和永不逝去的星光。

米，像利剑一样伸向北部。几百年来，这块古老的岩石还是渔民、商人和海盗的航海标志。岩石上矗立着一座几人高的镂空地球仪雕塑，这就是北角的地标。

凡到此者，都会冲上地球仪的底座，留下一张豪迈的照片。透过镂空的地球仪雕塑，望着那不落的太阳，有一种特别的穿越感。到达宽阔的观景台，真正海天一色的奇景尽收眼底，周围是几近垂直的悬崖，下面是壮阔的北极海。观景台入口处有一座彩色石块堆成的四方台，上端立着指向北方的箭头，箭杆上标明了北角的纬度——N71°10'21"，提醒你已进入北极圈以北的极地了，我们的脚步踱到了世界的尽头。而我们的生命要在这尽头寻觅更繁茂的希望。

对永远有着偏执念头的人，对欧洲的最北端，世界的尽头更是充满了期待。这里永远有两种颜色，一种是太阳的颜色，一种是星光的颜色。在夏天，感受海水与山头间那不落的太阳，被阳光染成一片橙黄的海水，所有的似乎就永远了。太阳没有了休息日，我们也停止了对时间流逝的概念，永远都是白天，我们永远都停留在最美的一刻。在冬天，感受夜晚黑幕之顶的星光与罕见的或红或绿的极光，那种炫舞与灵动，永远弥足珍贵。

但永远也有不让人满意的地方，北角位于挪威的马格尔岛上，是一块位于直插北冰洋的悬崖之上的高地。由于恶劣的极地气候，北角没有常住人口，一般去北角的人都会选择乘飞机或自驾车到距离北角最近的小镇霍宁斯沃格落脚。小镇只有两条街道，几乎看不到行人，宁静但不荒凉。

永远不会让人做过多的停留。永远的时刻，永远的所有，有时候也很短很短。即使到北角，我们也无法驻守在北角。

▼ 极地冰雪中可爱的精灵

Chapter 6 ● 极光与星空交织的浪漫

>> Look | 201

Los Glaciers National Park
阿根廷冰川——亿万年的沉淀

那是一种几近静态的深度睡眠,使得绵长的安第斯山脉在熟睡中忘却寒冷。经年累月之中,河流不断涌入,望见山脉熟睡中的温柔,心生笑意,从此不愿离去。汇合、凝聚……在山脉睁开眼睛的刹那,一片无边无际的冰的世界瞬间形成,晶莹剔透,清纯之至。

阿根廷冰川湖坐落在阿根廷南部的圣克鲁斯省,面积超过1400平方千米,湖深一百八十多米。从阿根廷海滨城市布宜诺斯艾利斯出发,不到3小时的飞行,初见阿根廷湖端倪。从舷窗可以看到连绵不断的雪山,紧接着是或宽或窄的湖面,淡青乳白交替其中,蔚为壮观。

从住地到景区要经过近百千米的山道,一路行来,清澈的湖面时隐时现,渐渐地,眼前的山脉逐渐发生变化,山峦开始披起白色的纱巾。然而植被的数目却未因气温的下降而减少,到处是密集的乔木灌木和针叶阔叶植物,繁茂地连绵在一起。这里虽然纬度较高,已经接近南极,但温度却不是很低,年平均气温在10℃以上。

阿根廷冰川湖

走在冰川的脊梁上,与天相拥。

进入景区后,眼前豁然开朗。浩渺的湖水,巍峨的雪峰,远处一片云雾缭绕。荆榛植物开满殷红抑或金黄色的花朵。穿越茂密的丛林,再经过几段坡道,终于抵达传说中的冰川湖观测台。

浩瀚的湖面之上,在无数雪峰形成的峡谷间,一道巨型冰墙就这样矗立在乳青色湖水中。高约十多米,宽约四千米。冰墙晶莹剔透,造型独特,像被斧子劈过一般整齐。冰墙纵深层叠,突兀如涨潮时的浪花,不断地向前延伸,直到湖的尽头,山的尽头,天的尽头。

在这样的壮观奇景前,人们早已掩饰不住惊诧的面庞,霎时间,一阵炸雷般的爆裂声,只见一处巨大的冰柱轰然倒塌,泻入湖水中,卷起千重浪花与冰屑。

在湖面上,大小不一的浮冰闲适地漂浮,日光下,闪耀着美丽的光芒与绚丽的色彩,如琥珀,如碧玉。绿树、碧湖、冰川、雪山相互辉映,相得益彰,构成一幅绝世美图。望着如此美妙的景色,顿时让人忘却自我,不知身在何处。

眼前的冰川有着好听的名字:莫诺雷。年龄只有20万年的它属于冰川中的少年,世界上许多大的冰川都已经处于停滞状态,但是莫诺雷还在行走,生长,不断地延续着它生命的轨迹。每天,它都向前推进30厘米,像一个快乐的孩子,在努力实现自己长大成人的理想。

在这些冰川面前,谁能不陶醉?自然的一切皆来得如此艰辛,一如我们的人生。然而,虽然辛苦,那成长着的快乐,却让人倍觉温馨。

Antarctica

南极 ——始于冰雪，终于冰雪

南极是一个没有人类文明历史，没有土著人居住的地方。到南极无须护照签证的麻烦，但南极严寒的自然环境，要求你以自己的身体做健康护照。这是一片尚未被人类占领的净土，纯净的空气、洁白的冰雪、可爱的生物，都还是人类到来之前的模样。

在这个星球上为人们展现另一番世界景象的，是幽暗寂寞的洋底，是冰雪遍布难觅人踪的南极。太平洋底最深的海沟诚然是难于到达的地方，然而南极却并非拒人千里，一纸飞往布宜诺斯艾利斯或是悉尼的航空票就等于已经把你的半个身子和整个理想送入南极圈里面了，不需要什么护照。

物竞天择，适得酷寒者生存，这就是南极生物界的淘汰率。没有欣欣向荣的草木，没有逞爪牙之利的猛兽，有的只是可以在海洋和冰雪之间洄游栖卧的水生物和厚脂肪多绒毛的哺乳类。相对于白熊和西伯利亚虎出没的北极来说，南极更见和平，更适合一些行动不便的最不具有攻击性的小动物在这里生活，如帝企鹅

▼南极洲罗斯海的罗伊德斯海角，居住着全球三分之一以上的阿德利企鹅和四分之一的帝企鹅，这里可能是最后一个保存完好的海洋生态圈。

▲ 帝企鹅

帝企鹅是企鹅家族中个体最大的物种，一般身高在90厘米以上，体重可达50千克。

和纹颊企鹅。当然，这种环境也不是绝对安逸的，这里也有捕食企鹅的海豹，那是另外一种大体积的举止笨拙的海生哺乳类动物。生态秩序就是如此微妙，当上帝欲使一个种群健康长久存活时，必先造出它的敌人来，而要消灭一个物种时，则又从取缔它的敌人开始。

寒冷一词在南极的概念是不言而喻的，这是一种极度的能够让你的大脑也冻得发抖的低温。有人曾经拿一杯水洒向空中，而掉在地上的却是冰，钢铁会冻得失去弹性可以被轻而易举地掰断，而将一杯水烧开则如在正常条件下把一块铁烧化那样困难。最令闻者胆寒的还不是南极零下七八十摄氏度的低温，而是极地风。这种要命的风的速度甚至可以达到80米/秒，远远超过12级风暴的力量，可以把人活生生地吹走或是带走大量的体热从而使人的身体在短时间里被迅速冻结。曾经就有科考队员被这种可怕的风夺去了生命，又有人将此称作"杀人风"。在南极表层积雪的下面掩藏着万丈的冰裂隙，而这是单凭肉眼难以发现的，一旦摔下去就再也没有生还的可能。在蓄养犬类还被允许的时候，许多极地犬就被训练来对付这种情况，它们以缰绳彼此相连后套起雪橇，遇到冰川的裂隙则由分在两边的狗将中间失落的同伴或是雪橇拉起，并等待救援。

然而南极给人的印象并不会因此变得恐怖，它有更多光怪陆离的事情是人们在其原先生活的地区远远接触不到的。这里是地磁和地理的南极所在，许多光的、电的、磁的自然物理现象都发生在这里。"午夜阳光"的极昼自然不消说，极哨和极光则是听觉和视觉在南极的最大享受。极哨是一种自然无线电噪声，来自天空的闪电。闪电在某一半球发生后，脉冲沿着

度假便利帖

地理位置：面积1400万平方千米，是世界第五大洲，98%的陆地常年被冰雪覆盖，冰层的平均厚度约2000米。南极的淡水总储量是地球的72%，如果南极的冰盖全部融化，地球海平面将会平均升高60米。

气候特征：南极洲是地球上最冷的洲，平均温度为-35℃，最低气温出现在7月。全年有1/3的时间是暴风雪天气。

最佳旅游时间：南半球夏季，12月至次年的2月。

今生要与你相约的100个地方

▲ 南极大陆冰雪覆盖,这里是雪的世界、冰的王国。

磁感线的风向奔向相反半球的地极,其低频部分被接受为短哨,短哨的回声又在闪电发生的半球里被接受为高频的长哨。这是一种离奇的太空音乐,其音阶在一两秒间可以经历八重变幻,空灵而幽远,只可以在人为噪声稀少的极地区域才会被人耳捕捉到。

极光的出现则是由于一种规模宏大的电视显像原理的作用,来自太阳的大股带电粒子流,或称太阳风,从外层太空猛烈冲向地球,在地磁的作用下,被带到南极和北极。极地地区的高层稀薄大气分子受到这种轰击后,便进入高能级,以至于发出了耀眼的多彩的光芒。这种自然现象的能量级别是极大的,有记载的一次是在1859年,美国的电报员在未接通电流的情况下借助极光的感应电流就将电报从波士顿拍到了荷兰。

淡水是生命之源,而南极的冰川则是世界淡水的源泉。这里以固体形态收藏着地球上72%的淡水资源,冰层在有些地方的厚度竟达几千米。南极大陆原本土石海拔并不高,厚重的巨大冰盖使其成了世界上平均海拔最高的大洲的同时,也将南极洲向地球深处压低了很多。南极大地之下,潜藏有许多矿物宝藏,煤、油、气、有色金属,也有人将南极的这些矿藏看作人类未来发展的第二梯队资源,但是目前的国际法并不支持这种主张。是的,除了这一个南极,我们不会再有其他的南极了。在靠近南

▲ 奇幻的极光飘摇地铺陈在极地的夜空上,同脚下的冰雪大地相映生辉,形成人间最美丽的自然奇景。

极圈外围岩石裸露的地方,长着浅薄的苔藓,每1毫米就要耗费100年,让人不忍践踏。

失去南极,我们不如索性失去整个世界。从冰雪开始,从冰雪结束,也许是人类对南极的景象描绘,但又何尝不可以作为一种向人们的呼吁?我们从大自然那里得到这片冰雪大地,也要把它无恙地交给自己的后代,让这片大陆真正安然地从冰雪开始,从冰雪结束。

附录

你的浪漫你做主,在详尽攻略之外,我们还有45个简约但不简单的推荐旅行地。

复活节岛

国家:智利
浪漫指数:四星
入选理由:巨大的石像,神秘的守望,寂静和安逸笼罩着这样一座孤独的岛屿
特色美食:复活节岛上三文鱼可以配上乳酪、蛋黄酱、冰激凌,也可以加上海虾、鲑鱼

关岛

国家:美国
浪漫指数:四星半
入选理由:岛上风光旖旎,随处可见的椰子树及柔和的海风
特色美食:查莫洛餐、椰子蟹、墨西哥卷饼、海鲜奶油饭

帕劳

国家:帕劳共和国
浪漫指数:四星
入选理由:在上帝的水族箱,享受世界上最舒爽的潜水之旅,还有什么不满足
特色美食:石斑鱼、焗龙虾和特色蝙蝠汤

里约热内卢

国家:巴西
浪漫指数:四星
入选理由:这里没有忧伤,没有沉默,没有阴霾的天空,只有快乐、阳光和海滩
特色美食:巴西烤肉、巴西风味椰奶虾

塔斯马尼亚

国家:澳大利亚
浪漫指数:四星
入选理由:在塔斯马尼亚走过的路,看过的景,将成为心头永远的回忆
特色美食:生蚝和烤袋鼠肉

塔希提

国家:法属波利尼西亚群岛
浪漫指数:四星
入选理由:遇见了塔希提,浪漫的感觉会如蜜糖一般融化在心里
特色美食:酸橙椰子金枪鱼、经典鸡尾酒

桑巴给尔

国家：坦桑尼亚
浪漫指数：四星
入选理由：闻到丁香的香气时，就能想起桑给巴尔这个世界上最香的小岛
特色出产：坦桑尼亚蓝宝石

马达加斯加

国家：马达加斯加共和国
浪漫指数：四星
入选理由：被时间遗忘的孤岛上，雨林和海岛更配
特色美食：龙虾、焗蜗牛

塞舌尔

国家：塞舌尔共和国
浪漫指数：四星半
入选理由：威廉王子和凯特王妃首选的蜜月旅行地
特色美食：椰子汁、茄子咖喱鸡、本地菜Bourzwa（海鱼肉制成）

科孚岛

国家：希腊
浪漫指数：四星
入选理由：浓郁的蓝色海水，纯白的沙滩和远离尘世的安静，这里是可以私藏的美景
特色美食：什锦海鲜饭、炸墨鱼圈、烤肉串卷饼

卡普里

国家：意大利
浪漫指数：四星
入选理由：卡普里如同容颜绝世的女妖，古希腊的国王愿意用一生的时光追求她
特色美食：意式烩饭、意大利炖猪肉

毛里求斯

国家：毛里求斯共和国
浪漫指数：四星半
入选理由：毛里求斯便是天堂的原乡，天堂是仿造毛里求斯的样子打造的
特色美食：百万富翁沙拉、咖喱鸡肉大虾

附录

马略卡

国家：西班牙
浪漫指数：四星
入选理由：每年约有300天的晴朗天气，终日阳光灿烂，再忧郁的人在这里心情也会灿烂起来
特色美食：西班牙海鲜饭、土豆饼

马耳他

国家：马耳他共和国
浪漫指数：四星
入选理由：马耳他是古老的，又是现代的；是慵懒的，又是明净的
特色美食：炖兔子、马耳他白葡萄酒

西西里岛

国家：意大利
浪漫指数：四星
入选理由：多少浪漫的情愫，才能孕育出西西里的美丽传说
特色美食：特拉帕尼香蒜酱意大利面、杏仁牛奶布丁、箭鱼卷

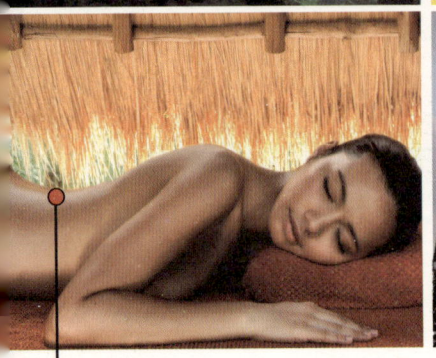

长滩岛

国家：菲律宾
浪漫指数：四星半
入选理由：被《孤独星球》评选为世界上最美的十大海滩之首
特色美食：杧果汁、卡拉曼西汁、哈罗哈罗冰激凌

莫斯科

国家：俄罗斯
浪漫指数：四星半
入选理由：莫斯科迄今已有八百余年的历史，是世界著名的古城
特色美食：冷酸鱼、鱼子酱

科尔多瓦

国家：西班牙
浪漫指数：四星
入选理由：心灵可以越过千山万水，与那张似曾相识的容颜，相会于科尔多瓦
特色美食：蔬菜凉汤、科尔多瓦白兰地

马德拉群岛

国家：葡萄牙
浪漫指数：四星
入选理由：每个经过马德拉的人，都会枕着波涛入眠
特色美食：马德拉葡萄酒、烤墨鱼

南北双岛

国家：新西兰
浪漫指数：四星
入选理由：这里诱惑了《魔戒》，魔戒诱惑了众生
特色美食：银鱼蛋饼、三文鱼刺身、小白咖啡

苏格兰高地

国家：英国
浪漫指数：四星
入选理由：勇敢的心，让爱情与自由并驾齐驱
特色美食：烟熏鳕鱼汤、哈吉斯（羊的卤肝、内脏、燕麦片和洋葱放在羊胃里烹制而成）

科罗拉多大峡谷

国家：美国
浪漫指数：四星
入选理由：这座峡谷仿佛只能存在于另一个世界，另一个星球
特色美食：烤肉、牛排

伊瓜苏瀑布

国家：阿根廷、巴西
浪漫指数：四星
入选理由：世界上最美的瀑布，"魔鬼之喉"的所在
特色美食：腊肠、三明治、炸肉排

附录

萨尔茨堡

国家：奥地利
浪漫指数：四星半
入选理由：音乐是美的，更美的是音乐下的城市
特色美食：奥地利炸猪排、莫扎特巧克力球、炖牛肉

广州

国家：中国
浪漫指数：四星
入选理由：众多的文物古迹和风景名胜
特色美食：白切鸡、明炉乳猪、虾饺、鸡仔饼、海鲜干货

亚龙湾

国家：中国
浪漫指数：四星半
入选理由：这里拥有古老的爱情魔咒，警示天下爱侣不猜疑、不放弃
特色美食：炭火嘉积鸭、五指山野菜、文昌鸡

佛罗伦萨

国家：意大利
浪漫指数：四星半
入选理由：翡冷翠的夜，让诗人也泪洒其中
特色美食：鸡肉沙拉、T骨牛排、牛肚包

澳门

国家：中国
浪漫指数：四星半
入选理由：澳门是个低调与奢华兼具的城市
特色美食：葡式蛋挞、猪扒包、水蟹粥、海苔肉松蛋卷

吉隆坡

国家：马来西亚
浪漫指数：四星
入选理由：充满多元文化气息，风俗传统，别具特色
特色美食：肉骨茶、椰浆饭、沙爹

安提瓜

国家：安提瓜和巴布达
浪漫指数：四星
入选理由：杰克船长曾在这里寻找不老泉的所在
特色美食：牛肉酥角、人面火锅

热浪岛

国家：马来西亚
浪漫指数：四星
入选理由：那一片白沙，那一海碧浪永远在等你
特色美食：娘惹菜、西刀鱼丸、虾面

拉斯维加斯

国家：美国
浪漫指数：四星
入选理由：繁华盛极的拉斯维加斯，如烟花般绚烂
特色美食：奶油甜馅煎饼卷、大比目鱼、烩牛颊

摩洛哥

国家：摩洛哥王国
浪漫指数：四星
入选理由：赤红的城堡、玄黄的沙漠、雕梁画栋的清真寺
特色美食：库斯库斯(Couscous)、摩洛哥肉饼

约旦

国家：约旦哈希姆王国
浪漫指数：四星
入选理由：安曼、死海、亚喀巴、佩特拉、伊尔比德
特色美食：玉米饼、酸牛奶、椰枣

附录

米科诺斯岛

国家：希腊
浪漫指数：四星
入选理由：世界上最接近天堂的梦幻岛群
特色美食：龙虾面、希腊"烤馕"（Souvlaki Pita，馕里包了烤猪肉、薯条、番茄）

维也纳

国家：奥地利
浪漫指数：四星
入选理由：世界音乐之都
特色美食：维也纳炸牛排、沙河蛋糕

巴登巴登

国家：德国
浪漫指数：四星
入选理由：德国的春天从这里开始
特色美食：冠面包鸡蛋汤、德国饺子、鸡蛋面条

火地岛

国家：智利、阿根廷
浪漫指数：四星
入选理由：火地岛是南美洲大陆最南端的岛屿
特色美食：搭配了红酒的蜘蛛蟹、沙丁鱼和鱿鱼

卢森堡

国家：卢森堡大公国
浪漫指数：四星
入选理由：这里是欧洲最美的露台
特色美食：图林根香肠、卢森堡土豆饼、黑布丁

巴伐利亚

国家：德国
浪漫指数：四星
入选理由：丰富的文化历史遗产和令人难忘的自然风光
特色美食：啤酒、白肠、卡门贝干酪

巴塞罗那

国家：西班牙
浪漫指数：四星半
入选理由：这里有最正宗的弗拉门戈舞和最华丽的足球
特色美食：梨子煮鸭、兔肉蜗牛烩、香肠煮豆子

悉尼

国家：澳大利亚
浪漫指数：四星
入选理由：悉尼是一位穿着美国服装的英国姑娘
特色美食：和牛汉堡、澳洲龙虾、悉尼牡蛎

牙买加

国家：牙买加
浪漫指数：四星
入选理由：浪漫气息荡漾在牙买加的海上柔波里
特色美食：山羊肉咖喱、酢浆草汁、牙买加焗鸡、芭蕉馅饼

武汉

国家：中国
浪漫指数：四星
入选理由：武汉是一座典型的山水园林城市，上百座大小山峦遍布三镇，近两百个湖泊坐落其间
特色美食：热干面、豆皮、鸭脖、孝感麻糖

冲绳

国家：日本
浪漫指数：四星
入选理由：纯净的海水搭配琉球古国的遗风
特色美食：海葡萄、石垣牛肉、夜光贝

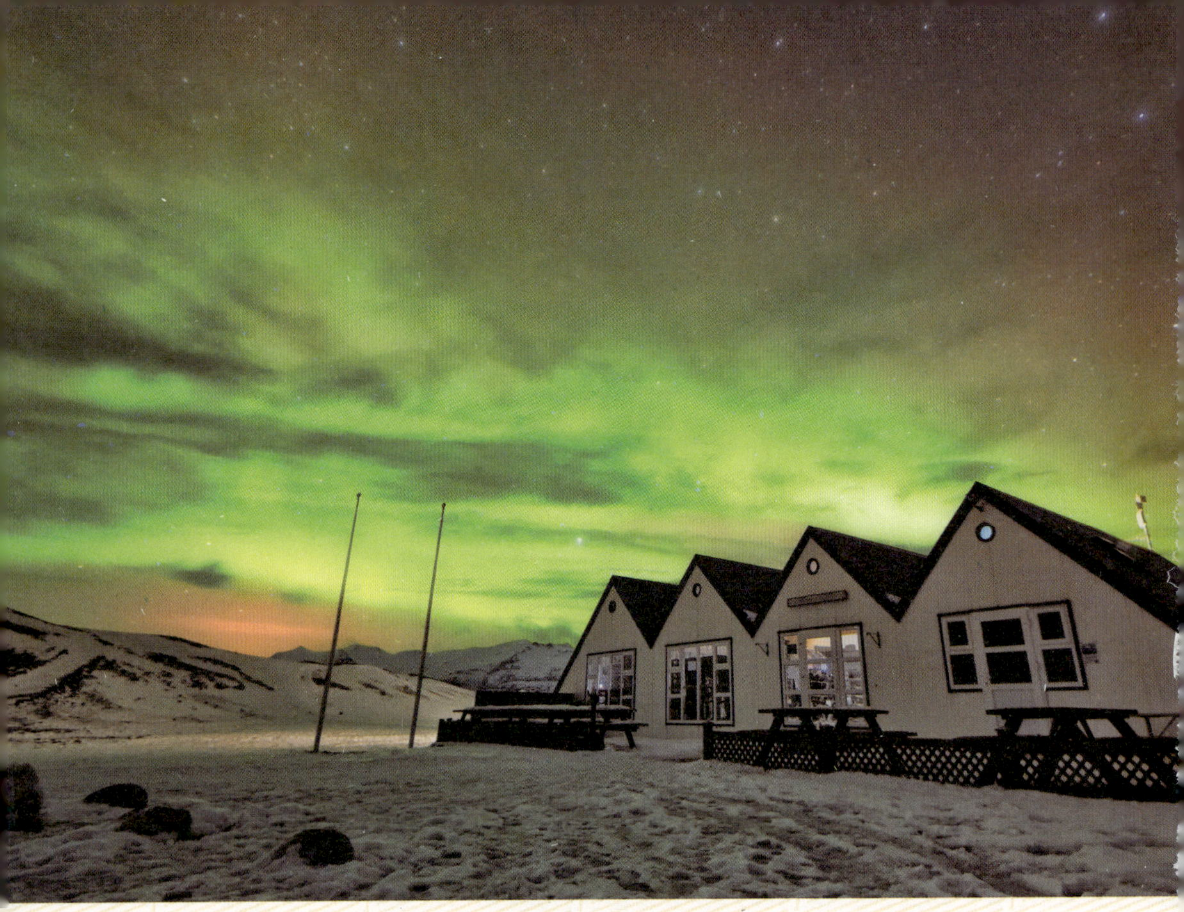

今生要与你相约的100个地方

选题策划：陈丽辉
文字编辑：陆泽铭
美术编辑：罗筱玲
图片提供：视觉中国
　　　　　北京全景视觉图片有限公司